집은 그리움이다

집은 그리움이다

인문학자와 한옥 건축가의 살고 싶은 집 이야기

최효찬 · 김장권 지음

인물과
사상사

● 일러두기

1. 외래어 인명과 지명 등은 국립국어원 외래어표기법에 따라 표기했다. 단, 중국의 인명과 지명
   은 한자음으로 표기했다.

2. 단행본·신문·잡지는 『 』, 시·소설·수필·논문은 「 」, 영화·그림·노래는 〈 〉로 표기했다.

3. 이 책에 수록된 한옥(관훈재, #200, 일우재, 일연재와 교월당, 건명원, 채효당) 사진은 북촌HRC, 염기
   동 작가, 김영 작가에게서 제공을 받았다. 그 외 사진 중에서 출처를 찾기 위해 노력을 다했지
   만, 누락된 것이 있다면 출처가 확인되는 대로 게재 허락을 받고 통상의 기준에 따라 사용료를
   지불하겠습니다.

"집은 우리의 최초의 세계다. 그것은 정녕 하나의 우주다."

가스통 바슐라르Gaston Bachelard, 1884~1962

프롤로그

"집은 식견을 갖춘 증인으로 성장했다." 알랭 드 보통Alain de Botton의 『행복의 건축』에 나오는 말이다. 나는 2017년 7월부터 채효당에 깃들어 살고 있다. 이 집은 우리 가족과 이웃과 방문객들을 묵묵히 맞아주며 환대해주었다. 그뿐만 아니라 이 집을 드나드는 공기와 바람, 하늘과 별과 달과 해, 비와 눈과 같은 모든 환경적인 요소가 아무 말 없이 기둥과 기와, 벽체의 틈으로 스며들어 있다.

"창문이 언 콩 껍질처럼 차가웠던 저녁도 겪었으며, 벽돌벽이 새로 구운 빵의 온기를 간직하던 한여름의 어스름도 겪었다." 알랭 드 보통의 이 말처럼 채효당은 벌써 지난겨울의 한기를 견뎌냈으며 또한 지난해와 올해 두 번에 걸친 한여름을 겪었다. 말하자면 채효당은 1년 동안의 건축 과정과 그 이후 준공 승인 등 행정적인 절차를 끝내고 우

리 가족이 깃들어 일상생활이 이루어짐으로써 점차 그 '오래된 미래'
로 향해가고 있다.

채효당은 머지않아 물리적일 뿐 아니라 심리적인 장소가 되어줄
것이다. 또한 오랜 세월에 걸쳐 이 집에 깃들어 사는 사람들은 때로는
밖으로 떠돌던 방황을 끝내고 이 집으로 돌아와 주위를 둘러보며 자
신이 누구인지 기억할 것이다. 그리고 사람들에게 2층 서재와 텅 빈
좁은 방들은 회복을 꿈꾸며 꿈을 부화하는 공간이 되어줄 것이다. 하
늘을 향해 열려 있는 창들은 흘러가는 구름이나 바람 혹은 달빛으로
무심히 이끌며, 이 집의 소유자들이나 방문객들의 삶의 고달픔과 시
름 혹은 우울과 고독을 치유해주기도 할 것이다.

"친구들과 식사를 할 때 혹시 누가 무심결에 벽에 자국을 남기지
나 않을까 안달하느라 대화를 흘러들을 수밖에 없다." 알랭 드 보통은
새로 지은 집에 대한 건축의 열정이 극에 이르면 유미주의자가 될 수
도 있다며, 때로 민감한 정신은 행복의 장소를 만드는 것을 저해한다
며 경계한다. 나 또한 우리 가족이나 방문객들이 특히 아이들이 무심
결에 벽에 낙서를 하는 따위에는 무신경으로 대하고자 한다.

이 집에는 시간이 흐르고 연륜이 쌓여갈수록 때로는 지우고 싶
은 기억들도 있을 테다. 제임스 조이스James Joyce의 『젊은 예술가의 초
상』에 화자인 '내'가 사립기숙학교 시절에 안경을 잃어버려 교사의
동의하에 노트 필기를 하지 않고 있는데 그때 학감이 교실을 방문하
는 장면이 나온다. 학감은 노트 필기를 하지 않은 것은 게으른 학생의

증거라며 회초리로 양손을 번갈아 때리고 망신을 준다. 그 기억은 결코 잊히지 않는 상처로 자리 잡아 언제든 불쑥 튀어나와 상처를 덧나게 한다. 어쩌면 가족이 살아가는 집에도 그런 좋지 않은 기억들이 불쑥불쑥 튀어나오게 된다.

"우리가 건축을 만들지만 그 건축이 다시 우리를 만든다." 윈스턴 처칠Winston Churchill이 1960년 『타임』과 인터뷰에서 한 말이다. 승효상은 "건축은 집을 짓는 것으로 끝나지 않는다. 오히려 집은 하부구조이며 그 집 속에 담기는 우리들의 삶이 그 집과 더불어 건축이 된다"라고 부연한다. '행복의 건축'이 되는 관건은 건축 이후에 그 집에 깃들어 살아가는 이들의 숙제라는 말일 것이다. 흔히 집의 하드웨어는 시공사가 만들지만, 그 집을 완성시키는 몫은 그 집에 깃들어 사는 사람이라고 한다.

장 자크 루소Jean Jacques Rouseau는 『에밀』에서 이렇게 말했다. "인생이 짧다는 것은 인생을 살아가는 시간이 짧다기보다는 인생을 즐길 시간이 짧다는 것이다. 태어나서 죽음에 이르기까지 사이가 아무리 길어도 소용이 없다. 그동안의 시간을 충실하게 보내지 못한다면 인생은 역시 짧은 것이다." 나는 루소의 말처럼 이 집에서 많은 시간을 충실하게 보내고 싶다.

"이제 우리 자신의 꿈과 이상을 담아서 집을 짓는다는 것은 그만큼 더 소중한 일이 되었다.……내가 살고, 우리가 살고, 우리 아들딸들이 살고, 또 얼굴도 모르는 우리 후손이 행복하게 잘 살 수 있도록 정성을 담을 줄 아는 사람은, 그래서 행복한 사람이다. 그렇게 정성이 듬뿍 담긴 집, 그러한 집에서 살고 싶지 않은가?" 최상철은 『내 마음을 두드린 우리 건축』에서 이렇게 말했다. 집을 짓고 싶은 이들이 마음에 새길 만한 구절이다. 이 말을 채효당에 깊이 새겨놓고 이곳에서 깃들어 살아가고 살아갈 사람들에게 말해주고 싶다.

2018년 11월

최효찬과 김장권이 쓰다

제3장
나의
집
순례기

제4장
집을
짓다

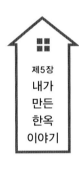

제5장
내가
만든
한옥
이야기

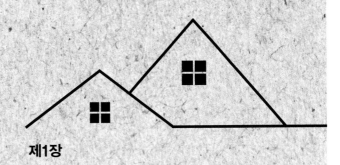

제1장

집에
대한
그리움

집은
어떤
곳인가?

　나는 가끔 예전에 살던 아파트를 지나갈 때가 있는데, 그때마다 '내가 언제 여기서 살았을까?' 하는 생각이 든다. 아무리 생각해도 이 아파트에서 살았던 기억이 떠오르지 않는다. 아침에 출근하던 기억은 어렴풋이 떠오른다. '아, 그때 종종걸음으로 이곳을 지나쳤지!'

　단독주택에 살았을 때는 이사를 해도 그곳에 대한 기억이 오래도록 남아 있었다. 아파트는 땅이 아니라 허공에 공간을 차지하고 있기 때문인지 혹은 획일적인 공간 때문인지 몰라도 이사를 하면 그곳에 살던 기억마저 덩달아 사라져버린 느낌이다. 내 삶이 휘발유처럼 싹 날아가버리는 것이다. 이는 나만의 경험은 아닌 것 같다. 아파트와 같은 주거 형태는 삶의 기억마저도 축적시켜주지 못하고 증발시켜버리는 것 같다.

나는 결혼을 한 이후 지금까지 23년 동안 무려 12번을 이사했다. 정확히 2년도 안 돼 한 번꼴로 이사를 한 셈이다. 나는 지금까지 내 집을 세 번 마련했다. 결혼 후 5년쯤 지나 경기도 일산에 빌라를 구입했고, 10년 만인 2005년에 서울 강서구에 아파트를 구입했다. 그리고 22년 만인 2017년에 서울 은평한옥마을에 집을 지었다.

누에고치 집처럼 지어진 아파트는 그야말로 베드타운의 전형이다. 단독주택처럼 마당이나 정원이 있지 않아도 된다. 관리도 필요 없다. 모든 게 잘 갖추어져 있다. 직장인들은 아파트에 들어와 밥을 먹고 씻고 잠을 자면 된다. 다시 아침에 일어나 반복되는 일상을 살아가기에 최적화된 구조가 바로 아파트다. 나도 아파트에서 신혼 생활을 시작했다. 아파트는 단지 저녁 늦게 귀가해 잠을 자고 일어나 출근하는 곳이었다. 그곳은 말하자면 아늑한 집이 아니라 단순한 거주지에 불과했다. '홈'이 아니라 '하우스'였다.

홈은 우리가 흔히 말할 때 안식의 거처로서 가족의 정이 느껴지는 공간을 의미한다면, 하우스는 건축물의 기능을 갖춘 공간으로서 집을 의미한다. 예컨대 고향집은 영원한 노스탤지어를 느끼는 곳으로 홈을 의미하지만 하우스를 의미하지 않는다. 반면 우리가 전세나 월세로 살면서 임시로 거주하는 집은 홈이라기보다는 하우스에 가깝다. 아파트는 집을 홈이 아니라 하우스의 기능으로 전락시킨 상징적인 구조물이라고 할 수 있다. 그러기에 그곳에는 기억이 축적될 수 없다. 그곳은 단순히 잠만 자는 그런 곳이다.

그나마 아파트에 살면서 기억에 남는 것은 대부분 아이와 함께 놀고 뛰고 살았던 장면이다. 나는 걸음마를 시작하지 못한 아이가 신혼 생활을 시작한 아파트의 거실을 기어다니던 모습이 아직도 눈에 선하다. 그 후 아이는 걷고 뛰고 나중에는 세발자전거를 탈 수 있을 정도로 성장했다. 한편으로는 그런 아이를 보면서 조마조마했지만, 다행히 아래층에는 할머니와 할아버지 두 분이 사서서 층간 소음을 모른 척해주었다.

결혼 후 아파트를 10번 이상이나 옮겨 살았지만, 뚜렷한 기억이 별로 남아 있지 않다. 그런데 유별나게도 단독주택에 살았던 때의 기억들은 선명하게 남아 있다. 물론 고향집은 말할 나위가 없다. 또 고등학교 시절이나 대학 시절에 자취를 했던 집들도 지워지지 않는 기억들이 있어 그나마 위안이 된다. 그러나 그곳마저 이제는 거대한 아파트 단지로 변했다.

다산 정약용丁若鏞이 쓴 500권이 넘는 방대한 책들은 그가 죽은 지 85년이 지나 그의 현손玄孫(손자의 손자)인 정규영이 1921년에 펴냈다. 정규영은 벽장 속에 묻혀 있던 다산의 저술들을 꺼내 『사암선생연보俟庵先生年譜』('사암'은 정약용의 호다)로 재정리했다. 그제야 다산의 사상을 제대로 접할 수 있었다. 그런데 지금처럼 전세 계약 기간인 2년마다 이사를 해야 하는 상황이라면, 아마 다산의 글들은 대부분 사라졌을지도 모른다. 이사를 하다 분실하기 일쑤일 테니 말이다.

다산의 후손들이 다산의 생가에 그대로 살았더라면 더 풍부한

⌂ 나는 아파트에서 오랫동안 살았지만, 그곳에서 살았던 기억은 별로 남아 있지 않다. 하지만 단독주택에서 살았던 기억은 선명하다. 은평한옥마을 채효당.

다산의 글들을 만날 수 있었을지도 모른다. 다산이 살던 경기도 남양주의 생가는 지금 다산의 후손들이 살고 있지 않다. 정규영은 중앙선 철도가 들어선 1939년 이후 이곳을 떠나 수원과 안산에서 살았고 그 손자들은 서울에 살고 있다.

다산은 생전에 자녀들에게 "벼슬이 끊기더라도 문화적 안목을 유지하기 위해 한양을 떠나지 마라"고 언명을 내렸지만, 다산의 6대손에 이르러서야 한양에서 살게 되었다. 다산이 아파트 도시로 변해버린 지금의 서울을 보면 어떤 생각을 할까? 아마도 "한양 한복판에서 살아라"는 말을 거두어들일지도 모르겠다. 실학자인 그의 눈으로 볼 때도 아파트는 너무 실용성에만 치우친 집이라고 혹평하지 않을까 싶다. 어쩌면 다산마저도 "내가 언제 한양에서 살았던가"라고 탄식을 할지도 모르겠다.

요즘 세대들은 태어나자마자 아파트에서 생활하고 아파트에서 생애를 살다 아파트에서 죽음에 이르지 않을까 하는 생각마저 든다. 한편으로는 이들도 아파트를 벗어나고자 하는 욕망이 점점 더 커질 것이라고 생각해본다. 누구나 전원생활을 그리워하는 것은 예나 지금이나 변함없는 인간의 욕망이기 때문이다. 과연 사람들은 아파트에서 얼마나 인생을 즐기면서 살아갈 수 있을까? 아파트는 노동의 재생산에 최적화된 공간이지 인간다운 생활을 영위할 수 있는 주거 공간은 결코 아니다.

영원한
집은
어디에
있는가?

　　그리스의 작가 니코스 카잔차키스Nikos Kazantzakis가 자유로운 영혼의 작가로 불리게 된 것은 여행 덕분이었다. 그는 인생의 여행에 나선 이후 불후의 작가가 되었다. 카잔차키스는 어린 시절부터 여행을 했는데, 그의 삶과 문학의 시작이자 완성은 다름 아닌 여행이라고 할 수 있다. 그는 세상을 떠나기 2년 전 성장 과정이 담긴 자서전을 썼는데, 그것이 바로 그 유명한 『영혼의 자서전』이다. 방랑과 여행 등 삶의 격정을 그린 이 자서전은 참으로 울림이 크다.

　　10대부터 여행을 즐긴 카잔차키스는 크레타섬의 집에 돌아오면 이내 다시 떠나고 싶었다. 그때 어머니가 물었다. "언제까지 너는 방랑만 할 생각이니? 언제까지 말이야?" 그는 어머니의 손에 입을 맞추면서 죽을 때까지 방랑을 할 거라고 말하고 싶었으나 마음속으로 삼

컸다. 그는 이 도시에서 저 도시로 분주히 돌아다녔다. 그림과 조각품과 성당과 궁정과 여인 들을 엄청난 탐욕과 갈망의 눈으로 보고 또 보았다. 그리고 "아름다움은 무자비하다"라는 모순적인 어록을 남긴다. 그의 『영혼의 자서전』을 읽으면 어느새 방황과 불면의 밤을 지새우던 청춘의 날들로 데려다주면서 미지의 세계를 향해 떠나고 싶은 충동을 느끼게 된다.

카잔차키스의 아버지는 아들이 대학을 졸업하면 1년 동안 여행을 하도록 허락해주었다. 아들은 여행을 다녀왔지만 그 후에도 여전히 취직을 하려고 하지 않고 또다시 여행할 생각만 했다. "그러나 몇 달 만에 나는 또다시 압박감을 느꼈다. 길들이 좁아졌고 집이 답답해졌으며 마당의 박하나무와 금잔화는 향기를 잃었다. 옛 친구들이 눌러앉아 살아가는 모습을 보고 나는 두려움에 사로잡혔다. 나는 사무실의 네 벽 안에 절대로 갇히지 않고 편안한 삶과 절대로 타협하지 않고, 필요성과 절대로 계약하지 않겠다고 결심했다." 카잔차키스는 자주 항구로 내려가 바다를 보았다. 바다는 자유의 문 같았다. 그 문을 열고 뛰쳐나가자고 다짐했다.

어느 날 카잔차키스는 용기를 내어 아버지에게 말했다. "아테네대학교로는 충분하지가 않습니다. 저는 더 훌륭한 무엇을 배우고 싶어요. 외국으로 나가고 싶어요." 아버지는 아들이 고향 크레타섬에서 취직을 하거나 일자리를 갖게 하고 싶었지만, 그것은 아버지의 바람이었다. 아버지는 교육을 받지 못했지만 '지성의 발전'을 위한 일이라면 아들의 그 어떤 요구도 거절하지 않았다. 결국 아버지는 아들을 떠나보낸다.

아버지는 아들을 항구까지 데려다주면서 아들의 손을 꼭 쥐며 "잘 가거라. 몸조심하고. 그리고 정신 똑바로 차려!"라고 말했다. 이 말은 자식을 키우는 아버지라면 누구나 자식에게 해주고 싶은 말일 것이다. 너무나 상투적이지만 여기에는 거친 세상과 싸우며 살아가야 하는 자식에 대한 부성애가 오롯이 담겨 있다. 여기서 '자식은 언젠가 떠나보내야 한다'는 진리를 재확인하게 된다. 세상으로 나아간 자식은 거칠고 모진 세상을 경험할 때마다 유년의 고향집을 생각하면서 위안을 얻고 홀로서기를 시도하게 되는 것이다.

유럽으로 방랑길에 오른 카잔차키스는 프랑스 파리도서관에서 니체Nietzsche를 처음 접한다. 한 여성이 다가와 자신이 니체의 얼굴처럼 생겼다며 니체의 책을 건네준 것이다. 그때까지 카잔차키스는 니체라는 이름은 들어보았지만, 니체의 책은 한 권도 읽어보지 못했다. 창피하고 부끄러웠다. 『차라투스트라는 이렇게 말했다』를 접한 카잔차키스는 엄청난 문화적 충격을 받았다.

35세 때 그는 니체가 깨달음을 얻었다는 스위스 제네바Geneva로 순례길에 나선다. 니체의 어머니가 살던 집을 찾아냈고, 엥가딘Engadin에서 봄의 햇살을 받으며 니체가 처음 영원 회귀의 환상에 감격했던 피라미드 같은 바위를 찾아냈다. 카잔차키스는 집을 떠나 방랑하면서 자전적 소설인 『그리스인 조르바』를 비롯해 『스페인 기행』과 『일

⬆ 카잔차키스는 니체를 접하고 순례길을 떠나 유목하는 인간으로서 깨달음에 이른 전형을 보여주었다. 크레타섬에 있는 카잔차키스의 묘지에는 "나는 아무것도 바라지 않는다. 나는 아무것도 두려워하지 않는다. 나는 자유다"라는 묘비명이 적혀 있다.

본·중국 기행』까지 7권의 여행기를 남기며 세계적인 작가로 우뚝 설 수 있었다. 카잔차키스는 여행으로서 자신의 위대성을 드러낸 작가다. 다시 말해 그는 정주定住하지 않고 유목하는 인간으로서 깨달음에 이른 전형을 보여주었다.

우리에게 『수레바퀴 아래서』로 친숙한 헤르만 헤세Hermann Hesse는 집과 집의 경계, 즉 집을 떠나는 방랑으로 문학의 본질을 추구한 작가로 통한다. 헤세는 30세쯤 스위스 알프스 산자락에 보금자리를 마련하고 집을 짓고 정원을 가꾸었다. 이때 항상 주머니칼로 정원에 나가 나무를 손질했다. 주머니칼은 그의 동반자가 되고 귀중품이 된다. 그는 태고의 정원에서 봄과 가을에 항상 모닥불을 피웠다.

언제나 쌀쌀한 계절이 되면 정원 한 귀퉁이에 불을 질러놓고 잡초와 뿌리와 쓰레기 따위를 재가 되도록 태워버렸다. 그럴 때 그의 아들들은 함께 있기를 좋아했고, 자신들이 가져온 보릿대나 갈대를 불속에 집어던지며 그 불에다 감자나 밤을 구워먹었다. 헤세는 여행을 많이 다니면서 이 정든 집과 정원을 떠난다. 그는 『방랑』이라는 책에서 이렇게 말했다.

"이제 이 집 근처에서 작별을 고한다. 앞으로 오래도록 이런 집을 보지 못하게 되리라. 벌써 알프스의 산길에 가까워지기 시작했으니 여기서부터는 독일 풍경과 독일어와 북방적인 독일식 건축 양식도 끝장이다. 이러한 경계를 넘는다는 것은 그 얼마나 멋진 일인가! 한곳에 뿌리를 박는 것이 극복되고 경계라는 것이 무시되면 나 같은 생각을 갖는 사람들이 오히려 미래로 이어지는 이정표가 되리라."

헤세는 정든 집을 떠나면서 노트에도 그 집을 그렸다. 마음속에 독일식 지붕과 대들보며 박공 등 집의 풍경을 하나하나 담고서는 "나는 나의 마음도 함께 데리고 가리라"라며 냉정하게 이별을 고한다. 집에 대한 정을 완전히 떼는 의식을 행하는 듯 말이다.

헤세에게 방랑은 그의 삶이 되었고 문학이 되었다. 그는 방랑의 정신을 문학에 투영했다. 그는 『방랑』에 소개한 「찬란한 세계」라는 시에서 "완만하게 굽어진 달빛 속의 하얀 길……나는 영원히 그곳을 나의 집으로 삼으리라"고 다짐한다. 그러고 보면 집을 떠나는 것도 인간에게는 근원적인 행위라는 것을 알 수 있다. 헤세는 집에서도 본질을 추구하는 삶을 살았지만, 집을 떠남으로써 경계를 허물며 더 본질적인 문학으로 들어갈 수 있었다. 그렇다면 '인간에게 과연 집은 무엇일까?'

우리는 어린 시절 부모님과 함께했던 집에서 영원히 살 수 없다. 언젠가는 너나없이 집을 떠나게 되고 그럼으로써 인생의 절정기로 점점 접어들게 된다. 나 또한 그랬으니 말이다. 황지우는 「노스탤지어」라는 시에서 "나는 고향에 돌아왔지만 아직도 고향으로 가고 있는 중이다"라고 적고 있다. 고향은 혹은 집은 떠난 사람들이 영원히 돌아가고 싶어하는 곳, 그래서 사람들은 여전히 집으로 돌아가는 중이다.

오두막집에서
행복
찾기

　새로 조성된 전원 주택지와 예전부터 있었던 마을을 보면 어떤 차이가 느껴진다. 전원 주택지는 잘 조성된 집들이 한 폭의 그림 같다. 단정하고 정리가 잘 되어 있어 무언가 꽉 찬 느낌이 든다. 지나가다 집들을 보면 하나같이 근사하다. 여기서 며칠만이라도 살아보았으면 좋겠다는 생각이 든다.

　예전부터 있었던 마을에는 집들이 잘 조성되어 있지도 않고 한 폭의 그림 같지도 않다. 잘 정리가 되어 있지 않아 뭔가 틈새가 있는 느낌이 든다. 그런데 전원 주택지에 있는 집들은 아무 집이나 들어가서 말을 건네기가 쉽지 않지만, 오래된 마을에는 느긋하게 머물러 보았으면 좋겠다는 생각이 든다.

　시골집들은 아무 곳이나 들어가서 그곳에 사는 사람들에게 오래된 이웃처럼 말을 걸기가 어렵지 않다. 마루나 마당에서 이야기를 나누어도 어색하지 않다. 그것은 완벽한 남자나 여자에게는 사람들이 쉽게 말을 걸지 못하는 것과 같다. 사람은 좀 빈틈이 있어야 다른 사람이 곧잘 다가오고 관계 맺기가 훨씬 수월하다.

한번은 고향에 가서 예전에 할아버지와 할머니가 살던 집을 둘러본 적이 있었다. 벌써 30년이 지난 시간 동안 마을은 어린 시절에 보던 모습과는 많이 달랐다. 그사이 할아버지가 사시던 옆집에는 타지 사람이 땅을 사서 새집을 건축해서 살고 있었다. 개가 짖었고 주인이 나와서 누구냐고 물었다. 하지만 굳게 닫힌 대문은 열리지 않았다. 그 사람은 집 안으로 들어가버렸다.

그해 가을 인근 동네에 산책을 갔다. 놋점이라는 마을인데 고향에 살 때 한두 번밖에 가본 적이 없었다. 도로에서 한참이나 올라가야 있는 곳이기 때문이다. 걸어 올라가보니 텃밭에서 한 아주머니가 배추를 뽑고 있었다. 아주머니는 반갑지도 않은 가을비가 와서 배추가 다 물러빠졌다며 투덜거렸다. 자연스럽게 이런저런 이야기를 하다 보니 어머니를 잘 아는 분이었다. 배추를 옮기는 일을 도와드렸더니 커피를 한잔 내왔다.

아주머니는 남편이 돌아가시고 자녀들도 타지에서 살고 있어 혼자 산다고 했다. 집은 허름해 보였지만, 그 집에는 그동안 가족들이 살아온 내력이 묻어 있었다. 그래서 아주머니는 혼자 남아 있어도 그 집을 떠나지 못하고 있는 것이라는 생각이 들었다.

우리가 살고 있는 아파트는 거의 같은 모습을 하고 있다. 다만 위치와 크기만 다를 뿐이다. 그러기에 그 집만의 고유한 이야기를 느낄 수 없다. 각기 다른 얼굴을 하고 있는 집들이라면 주인의 취향과 그 집을 지으면서 고심한 흔적들이 드러나게 마련이다. 마당의 꾸밈이나 대문의 위치에서도 그 집만의 고유한 풍경이 펼쳐진다. 설계에서부터 건축 자재에 이르기까지 심사숙고한 흔적이 군데군데 묻어 있기 마련이다. 그러나 아파트는 무색무취하다고 할까? 콘크리트의 견고함만큼이나 출입구도 외부인의 접근을 허락하지 않겠다는 듯 굳게 입을 다물고 있다.

대개 전원주택은 별장으로 이용할 경우라도 집 안에 완벽한 생활문화 시설을 갖추고 있다. 따뜻한 온수가 나와 목욕을 할 수 있으며 텔레비전을 볼 수 있다. 안락한 소파가 있고 침대도 갖추어져 있다. 그 어느 것 하나 부족함이 없다. 그런데 이런 별장에 오면 바깥에 나오지 않고 그 안에서만 지내게 된다. 집에 있을 때나 별반 다르지 않다.

가스통 바슐라르Gaston Bachelard가 쓴 『공간의 시학』에는 앙리 바슐랭Henri Bachelin의 『하인Le Serviteur』에 나오는 오두막집이 소개되어 있다. 바슐랭에 의하면, 그가 어렸을 때 살던 집은 더할 수 없이 소박한 집이었다. 프랑스 모르방Morvan 지방의 어느 읍에 있는 시골집이었지만, 농가에 부속 건물들이 딸려 있었다. 아버지가 부지런하고 검소해 가정의 평안과 행복을 찾을 수 있는 그런 집이었다. 날품팔이꾼이자 성당지기인 아버지가 저녁이면 희미한 램프 불빛이 가득한 방 안에서 성인들의 전기를 읽는, 바로 그 방 안에서 어린 바슐랭은 원초적인 몽상을 즐겼다.

2009년 경기도 양평에 땅을 구입해서 허름한 이동식 주택을 마련한 적이 있었다. 건축법 규제로 정화조를 설치할 수 없어 이동식 화장실을 한 켠에 마련했다. 그런데 이 이동식 주택에서 보낸 추억이 지금도 마음속에 많이 남아 있다. 방이 하나여서 가족이 잠도 함께 자야 했다. 가족이 함께 자다 보면 도란도란 이야기꽃을 피우게 된다. 서로를 알아가고 이해할 수 있는 시간이었다. 이렇게 가족이 하룻밤을 보내면 서로 더 친밀감을 느끼게 된다. 공유할 수 있는 추억거리가 생기는 것이다.

가끔 아내도 그때의 일을 이야기한다. 추운 겨울날에 바깥에 있는 화장실을 이용하기가 좀 불편했지만, 이곳을 찾았던 사람들은 그 기억을 오히려 즐거워했다. 아들도 어찌된 영문인지 이동식 주택에서 하룻밤을 보내면 잊지 못할 추억을 만든 것 같다며 좋아했다. 나는 이동식 주택에서 종종 바슐랭의 오두막집을 생각했다. 주위에는 으리으리하게 지어놓은 별장들이 있었지만, 거의 인기척이 없고 적막할 뿐이었다. 반면에 나의 '오두막집'에는 주말이면 마당에 장작불이 타오르고 밤이면 이야기꽃이 핀다.

이것이 어쩌면 바슐랭이 그린 오두막집의 원초적인 안락함이 아닐까 싶다. 무엇보다 오두막집에서 보내면 작은 공간에서도 능히 살아갈 수 있다는 사실을 발견한다. 그리고 집으로 돌아오면 너무 크게

⇧ 허름한 이동식 주택에서는 가족이 한 방에서 잠을 자야 했기 때문에 도란도란 이야기꽃을 피울 수 있었다. 서로를 알아가고 이해하는 시간이었다. 양평에 있는 이동식 주택.

다가오는 집에 또 한 번 감사한 마음을 갖게 된다. 그것이 오두막집의
위력이라면 위력이다.

그렇지만 자본주의 도시 공간에서 집은 바슐랭의 오두막집이 아
니다. 나는 일요일 늦은 밤 다시 집으로 돌아오면서 이동식 주택과 아
파트 중에서 이동식 주택이 더 안락함을 주는 것 같다는 생각마저 들
었다. 어쩌면 회귀본능이 아닐까 싶다. 오히려 편리함 속에서 많은 것
을 잃어버리는 현대성의 아이러니가 아닐까? 나는 '오두막집'이 있어
행복했다.

러시아에는 다차dacha라는 주말 별장이 있는데, 오래된 전통문화
라고 한다. 러시아인들은 주말이면 다차로 가서 고기를 구워먹으면서
휴식을 취하며 긴 겨울을 이겨낸다. 다차는 우리나라 별장처럼 화려
하거나 큰 집이 아니라 소박하고 작은 집이다. 건물이 크고 화려하다
고 삶이 풍요롭거나 아름다운 것은 결코 아니다. 러시아가 서구 세계
의 경제제재를 세 번이나 당했는데, 큰 위기 없이 이겨낸 것은 다차 문
화가 한몫했다는 분석도 있다. 힘들 때마다 자연으로 돌아가 불을 피
우면서 원시적인 생활로 되돌아갈 수 있기 때문이다. 말하자면 큰돈
이 필요 없이 생활할 수 있고, 이것이 물질적인 결핍을 이겨낼 수 있는
원동력이 되었다는 것이다.

작은
집을
짓다

내 고향집은 합천호로 수몰되었다. 담수 최대치 경계가 예전에 살던 고향마을의 끝자락이었다. 고향마을을 담고 있는 그 호수가 내려다보이는 가장자리쯤에 우연하게 땅을 구입해 작은 한옥을 지었다. 그런데 신기한 일이 일어났다. 처음 이 땅을 사려다 포기했다. 나는 고향에 내려갈 때마다 그때 땅을 구입하지 못한 것을 못내 아쉬워했다. 그런데 알고 보니 육촌형도 이 땅을 구입하려고 땅 주인에게 팔 의향이 있는지 물었는데, 팔지 않겠다고 단호하게 말했다고 한다. 그 이야기를 듣고 이제는 이 땅을 구입할 수 없겠다는 생각이 들었다.

그러다 1년쯤 후인가 작은형이 집에 왔다. 우연히 이야기를 나누다가 예전에 내가 사려던 고향의 그 땅을 주인이 팔아야 할 상황이라고 했다. 중국에서 사업을 하던 땅 주인이 사업에 어려움이 생겨 그 땅을 팔아 자금을 마련해야 한다는 것이었다. 나는 그 말을 듣고 '간절히 바라면 이루어진다'는 말을 떠올렸다. 그 즉시 구입 의사를 전하고 며칠 후에 계약을 하고 등기를 마쳤다. 옛말에 '땅임자는 따로 있다'고 했는데 정말 그 말이 실감났다. 땅을 구입하고 2012년 2월 아들과 함께 합천 일대를 도보로 여행하고 마지막 날에 고향에 들렀다. 아들에게 이 땅을 구입하게 된 내력과 까닭을 자세히 이야기했다.

이듬해 가을에 벌초를 하러 고향에 내려갔는데, 어머니의 걸음걸이가 펭귄처럼 뒤뚱뒤뚱했다. 나는 어머니께 조심해서 걸으라고 간곡히 부탁을 드렸다. 어머니는 척추가 안 좋으셔서 몇 년째 고생하고 있었기 때문이다. 서울의 큰 병원에서 진찰을 했는데, 수술도 불가능한 지경이라고 했다. 며칠 후 청천벽력 같은 소식을 들었다. 어머니가 세탁기에서 빨래를 꺼내다 척추를 크게 다치셔서 걸을 수가 없게 되었다는 것이다. 어머니는 결국 병원에 입원해 치료를 받고 퇴원했지만, 그 후에도 허리 통증을 참을 수 없어 다시 요양병원에 입원했다.

어머니가 요양병원에 입원한 그해 겨울에 집을 짓기로 마음먹었다. 어머니를 자주 뵈러 오려면 고향에 작은 집이라도 있는 게 좋겠다 싶었다. 처음에는 이동식 주택을 구입해서 갖다놓으려고 했다. 합천군청 인근에 있는 설계사무소에 의뢰했더니 집 지을 곳이 문화재 보호구역이라서 군청의 심의를 받아야 한다고 했다. 이동식 주택을 설치하려고 심의를 넣었더니 목구조 이외에는 안 된다고 반려되었다. 그래서 나는 6평짜리 작은 한옥을 짓기로 했다. 그렇게 해서 2015년

2월에 한옥이 완공되었다.

이 작은 한옥에 온돌을 놓았다. 나는 고향에 갈 때마다 군불을 넣는다. 어쩌면 군불 때는 게 큰 즐거움인 것 같다. 한옥에 온돌을 놓으면서 우리 온돌이 참으로 과학적이라는 것을 알았다. 온돌은 두께가 두꺼워 처음 불을 넣을 때 시간이 좀 걸리지만, 한 번 불을 넣으면 그다음부터는 군불을 얼마 때지 않아도 온기가 유지된다. 신기하게도 윗목부터 따뜻해지기 시작해 최종적으로 아랫목이 데워졌다. 윗목은 온돌이 얇고 아랫목은 두껍기 때문이다.

집을 지은 후에 가장 많이 듣는 말이 어머니에 대한 이야기다. 고향 사람들은 어머니를 위해 지은 한옥에 대한 칭찬을 아끼지 않았다. 한번은 마을 경로당에 커피믹스와 두유 한 박스를 사다 드렸더니 이구동성으로 기특한 일을 했다고 칭찬해주었다. 이제 좀 살 만하면 부모님은 세상에 계시지 않거나 병상에 있다는 말처럼 나 역시 그런 신세다. 아버지는 내가 고등학교 2학년 때 뜻대로 되지 않는 세상으로 인해 화병火病으로 술을 마시다 세상을 떠나셨다. 내가 40세부터 술을 멀리한 것은 아버지의 영향 때문일 것이다.

빅터 고어즐Victor Goertzel의 『세계적 인물은 어떻게 키워지는가』라는 책에는 비록 아버지가 실패한 인생을 살았어도 열정적인 삶을 산다면 자녀에게 큰 영향을 끼친다는 내용이 나온다.

"자기주장이 강한 가정의 출신 자녀는 부모에게 반항하기보다 오히려 부모를 모방한다. 아버지가 자신의 신념으로 고생하고 실패하

⬆ 나는 합천호가 보이는 곳에 지지산방을 짓고 고향에 갈 때마다 군불을 땐다. 그렇게 작지만 확실한 행복을 넉넉하게 데운다. 합천 지지산방.

는 모습을 보이더라도 자녀가 성공하는 데 아무런 장애가 되지 못했다. 저명인사 4분의 1은 아버지가 실패자였다.”

이 책은 미국 도서관에 전기나 평전이 있는 세계적 인물 400명을 분석한 결과 이런 흥미로운 분석을 했다. 내 아버지도 비록 실패한 인생을 살았지만, 아버지의 열정적인 삶은 지금도 내 가슴속에 살아남아 있다. 나는 작은 한옥의 당호를 ‘지지산방知知山房’으로 지었는데, 이는 노자의 말에서 따왔다. “족함을 알면 욕됨을 당하지 않고 그칠 줄을 알면 위태롭지 않으니 편안하게 삶이 장구하리라”는 『도덕경』에 나오는 말인데, ‘지족불욕 지지불태 가이장구知足不辱 知止不殆 可以長久’의 앞 글자에서 따온 말이다. 살아갈수록 욕망을 줄이는 게 쉽지 않다고 생각했기 때문이다.

여기에는 어린 시절 아버지에게 귀가 따갑도록 들었던 말이 깃들어 있다. 아버지는 술만 드시면 늘상 “아는 것이 힘이다. 배워야 산다”라고 입버릇처럼 말씀하셨다. 아버지의 육성이 ‘지지산방’으로 현판을 만들게 한 요인이기도 하다. 지지는 노자의 『도덕경』에서 따온 말이지만, 말 그대로 풀이하면 아버지에게 익히 들었던 그 ‘앎’의 중요성을 강조한 것이기도 하다.

우리 가족은 설날이면 지지산방에 내려가 군불을 넣으며 다시금 넉넉하게 행복을 데운다. 사는 게 과연 무엇일까 생각하면 소소하고 작은 행복 가꾸기가 아닐까 싶다.

영혼이
따뜻해지는
집

"당신들은 이 땅에 와서, 이 대지 위에 무엇을 세우고자 하는가? 어떤 꿈을 당신들의 아이들에게 들려주는가? 내가 보기에 당신들은 그저 땅을 파헤치고 건물을 세우고 나무들을 쓰러뜨릴 뿐이다. 그래서 행복한가? 연어떼를 바라보며 다가올 겨울의 행복을 짐작하는 우리만큼 행복한 것인가?"

1854년 인디언 추장인 시애틀Seattle은 미국 대통령 프랭클린 피어스Franklin Pierce에 의해 파견된 백인 대표자들이 인디언이 살고 있는 땅을 팔 것을 제안하자, "우리는 모두 형제들이다"로 시작되는 장문의 답장을 보낸다. 그 후 인디언들은 철저하게 백인들에 의해 섬멸되어 160여 년이 흐른 지금은 20여 만 명에 불과하다. 백인들은 인디언들의 마을과 집을 모두 불살랐고 그것도 모자라 그들을 살육했다.

체로키족의 피가 흐르는 포리스트 카터Forrest Carter의 『내 영혼이 따뜻했던 날들』은 백인들에 의해 역사의 뒤안길로 사라진 인디언들의 지혜를 볼 수 있는 빛나는 책이다. 숲속 오두막집에 손자와 함께 사는 할아버지와 할머니는 손자에게 '숲의 감정'으로 자연과 교감하는 삶을 살 것을 가르쳐준다.

이 책은 무엇보다 자연과 조화롭게 살아가는 인디언들의 지혜를 통해 백인 문명의 허위虛威를 접하게 해주면서 새로운 방식으로 세계를 바라보게 한다. 할아버지는 손자에게 인디언의 삶의 방식을 들려준다. "인디언은 절대 취미 삼아 낚시를 하거나 짐승을 사냥하지 않는다." 즉, 오직 먹기 위해서만 동물을 잡는다는 것이다. 할아버지는 즐기기 위해서 살생하는 것보다 세상에서 어리석은 짓은 없다고 손자에게 말한다.

할아버지는 인간이나 동물이나 욕심을 부리면 어떻게 되는지도 들려준다. 탐욕을 부리면 더 큰 것을 얻을 수 있다고 생각하지만, 결국 빼앗기게 마련이며 오히려 그것이 화근이 되어 전쟁 등 위기를 불러온다고 강조한다. 그 예로 꿀벌을 들어 설명해준다. 꿀벌은 자기들이 쓸 것보다 많은 꿀을 저장해둔다고 한다. 그렇지만 그 꿀들은 곰에게 빼앗기고 체로키족에게 빼앗기고 만다는 것이다. 또 꿀벌뿐만 아니라 칠면조도 탐욕스러운 사람들과 닮은 데가 있다고 말한다.

"꿀벌들은 언제나 자기가 필요한 것보다 더 많이 쌓아두고 싶어하는 사람들과 똑같다. 뒤룩뒤룩 살진 사람들 말이야. 그런 사람들은 그러고도 또 남의 걸 빼앗아오고 싶어 하지. 그러니 전쟁이 일어나고……. 칠면조란 놈들도 사람과 닮은 데가 있어. 이것 봐라. 뭐든지 다 알고 있는 듯이 하면서 자기 주위에 뭐가 있는지 내려다보려고는 하지 않아."

그래서 칠면조는 항상 머리를 꼿꼿하게 쳐들고 있는 바람에 아무것도 못 배운다고 말한다.

할머니가 손자에게 들려주는 마음에 대한 이야기는 개인의 탐욕에 눈먼 문명 세계를 질타하고도 남는다. 할머니는 사람들은 누구나 마음 두 개를 갖고 있다고 한다. 하나는 몸이 살아가는 데 필요한 것들을 꾸려가는 마음이다. 몸을 위해서 잠자리나 먹을 것 따위를 마련할 때나 짝짓기를 할 때는 이 마음을 써야 한다. 자기 몸이 살아가려면 누구나 이 마음을 가져야 한다.

또 하나가 있는데, 그것은 영혼의 마음이다. 몸을 꾸려가는 마음이 욕심을 부리고 교활한 생각을 하거나 다른 사람을 해칠 일만 생각하고 다른 사람을 이용해 이익을 볼 생각만 하고 있다면, 영혼의 마음은 점점 졸아들어서 밤톨보다 작아지게 된다.

다른 사람들에게서는 나쁜 것만 찾아내는 사람, 나무를 보아도 아름답다고 여기지 않고 목재와 돈으로만 보는 사람, 이런 사람들은 죽은 사람들로 우리 주변에서 흔히 볼 수 있다고 할머니는 말한다.

"영혼의 마음은 근육과 비슷해서 쓰면 쓸수록 더 커지고 강해진다. 마음을 더 크고 튼튼하게 가꿀 수 있는 비결은 오직 한 가지, 상대

⬆ 나는 어릴 적 사랑방에 군불을 넣고 남은 숯불로 화롯불을 지폈다. 그 사랑방에서 할아버지와 함께 잠을 자기도 했다.

를 이해하는 데 마음을 쓰는 것뿐이다."

할머니는 손자에게 우리 사회에서도 절실한 배려의 마음을 들려준다. "뭔가 좋은 일이 생기거나 좋은 것을 손에 넣으면 무엇보다 먼저 이웃과 함께 나누도록 해야 한다. 그렇게 하다 보면 말로는 갈 수 없는 곳까지도 그 좋은 것이 퍼지게 된다." 물론 이 말을 손자가 제대로 이해하지 못할 테지만, 이런 말을 들려주는 게 할머니의 몫이기 때문이다. 먼 훗날 손자는 할머니가 돌아가시고 세상에 존재하지 않더라도 이 말을 떠올리며 기억할 것이다.

나이가 들면 젊은 시절에는 눈길도 안 가고 마음으로 다가오지 않았던 것들이 눈에 들어오고 마음을 잔잔하게 적셔준다. 얼마 전 인터넷 쇼핑으로 화로를 구입했다. 무쇠로 만든 화로다. 할아버지가 살아계실 적에 사랑방에 군불을 넣어드리고 남은 숯불을 화로에 담아드렸다. 화롯불은 내 담당이었다. 중학교에 다니던 나는 사랑방에서 할아버지와 함께 잤다.

하루는 양평의 이동식 주택에서 장작불을 피우고 숯불이 남았다. 그날 밤 그 무쇠화로에 군밤을 구워먹고 싶어 숯불을 담았다. 그런데 무쇠화로가 생각보다 빨리 식었다. 할아버지는 긴 겨울밤이 얼마나 추우셨을까? 또 열기가 식어가는 화로를 보며 당신이 이 세상에서 살아갈 날들이 얼마 남지 않았다고 생각했을까? 나는 그런 생각이 떠올랐다. 화롯불을 좀더 따뜻하게 오래가도록 담아드리지 못한 것에 생각이 미쳤다.

"아버지가 경성과 같은 타관에 가서 몇 날이고 몇 달이고 돌아오지 않는 밤이면 예닐곱 살 백석은 여우난골이라는 깊은 산골의 짐승 소리와 바람 소리에 놀라 어머니가 깔아놓은 이불 속으로 자지러들곤 했다."

시인 백석의 평전을 쓴 안도현 시인은 백석의 어린 시절 풍경을 이렇게 묘사한다. 누구나 한 번쯤 이런 경험을 해보았을 것이다. 천둥이 치고 폭풍우가 내리는 여름날 밤이나 눈보라가 매섭게 치는 겨울 밤 혼자 방 안에 있다면 말이다.

우리는 아파트 주거 문화에 길들여지면서 인디언 소년처럼 따뜻한 영혼을 죄다 잃어가고 있는 것은 아닐까? 할아버지와 할머니와 함께 살면서 따뜻한 영혼을 키울 수 있었던 인디언 소년은 이 지상 어디에서 만날 수 있을까?

외가에
대하여

　안동의 전주 류씨 집안과 의성 김씨 집안은 440여 년을 뛰어넘은 인연을 이어오고 있다. 안동에 살고 있는 전주 류씨의 옛날 외가가 영남의 명문가로 손꼽히는 의성 김씨 청계淸溪 김진金璡 가문이다. 전주 류씨가 안동에서 살기 시작한 이후 류성이라는 사람이 청계의 사위가 되었는데, 지금부터 440여 년 전의 일이다. 청계가 1580년에 세상을 떠나자 그로부터 지금까지 무려 440여 년째 청계의 기일에 맞춰 전주 류씨 가문에서 옛날의 외가를 찾고 있다. 대구포는 안동 일대에서 제사상에 꼭 올려야 하는 필수품인데, 그 대구포를 제사상에 올리기 위해 먼 옛날의 외가를 매년 찾는 것이다.

　청계의 딸을 부인으로 맞은 류성은 어린 두 아들을 남기고 28세에 요절했다. 이때 김씨 부인은 친정의 예법에 따라 두 아들을 가르쳤

다. 그런데 부인은 남편의 3년상을 마치고 자결하고 말았다. 두 아들
(류복기와 류복립 형제)은 외할아버지인 청계 김진이 데려가서 양육했
다. 이때 두 형제에게 가장 큰 영향을 준 인물이 있었는데, 바로 외삼
촌인 학봉鶴峰 김성일金誠一이다.

　학봉은 생질들을 자식처럼 대하며 지극한 정성으로 가르쳤다.
외삼촌이 생질들의 멘토가 되어 학문에 힘쓰도록 이끌어주었던 것이
다. 이것이 바로 두 형제에게 전해진 학봉가법鶴峰家法이다. 이 학봉가
법은 조선시대 말까지 의성 김씨와 전주 류씨가 학문적 · 혈연적 · 지
역적 연대성을 유지하는 데 상징적인 역할을 했다고 할 수 있다.

　학봉은 임진왜란 전에 일본에 통신사로 파견되었던 인물이다.
그는 전란의 위험이 없다고 보고한 후에 임진왜란이 발발하자 곤욕을
치렀다. 학봉은 일본의 정세에 대한 '잘못된 보고'로 인해 상황을 오
판하게 한 책임을 모면할 수 없었다. 이는 퇴계 이황의 수제자로서 학
봉 자신에게 수치이자 감당하기 힘든 일이었다. 학봉에게 이를 만회
할 수 있는 기회가 찾아왔다.

　그는 일본이 침략해 유린당하고 있는 경상도에서 방어의 총책
인 경상도 초유사招諭使(난리가 일어났을 때, 백성을 타일러 경계하는 일을
맡아 하던 임시 벼슬)로 임명을 받아 급파되었다. 초유사로 임명된 학봉
은 제1차 진주성 전투를 승리로 이끄는 데 큰 역할을 했고, 경상우도
감사로 진두지휘를 하다 병을 얻어 아들과 함께 순직했다. 결국 학봉
은 전장에서 죽음으로 명예를 회복한 셈이다.

　이때 학봉은 생질이자 제자이기도 한 류복기에게 편지를 보내 안동에서 의병을 일으킬 것을 당부했고, 류복기는 이를 실행했다. 류복기가 후일 이조참판에 추증된 것은 이 공로 때문이다. 류복기는 "우리가 문자를 알고 토지와 가업을 지켜올 수 있었던 것은 털끝만큼도 모두 외삼촌의 힘이었다"라고 술회했다.

　외가에서 외삼촌인 학봉의 가르침을 받은 류복기는 분가할 때도 큰 도움을 받았다. 학봉은 장가를 드는 생질에게 살림을 차려준 것이다. 이러한 도움에 힘입어 전주 류씨는 나중에 인재 산실이 될 수 있었다. 2007년 여름, 학봉의 제14대 종손 김시인(2011년 작고)은 "아직도 전주 류씨 종손은 학봉의 기일에 맞춰 대구포를 가져와 학봉의 정신을 기리고 있다"라고 말했다.

　외가나 처가와의 문화적 교류를 통해 성공한 또 다른 가문으로는 여강 이씨를 대표하는 회재晦齋 이언적李彦迪 가문을 들 수 있다. 경북 경주시 강동면 양동마을에 근거지를 두고 있는데, 종가인 무첨당에는 아직도 그 후손들이 살고 있다.

　원래 양동마을은 월성 손씨가 살던 곳으로 종가인 서백당이 있다. 회재는 외가인 서백당에서 태어나 중종 때 청백리로 이름난 외조부 우재愚齋 손중돈孫仲暾의 가르침을 받았고, 여강 이씨는 월성 손씨의 학문과 문화를 받아들이면서 가문이 번성할 수 있는 기틀을 다졌다.

　전남 담양의 창평 고씨 고인후高仁厚 가문도 예외는 아니다. 창평 지역은 원래 언양 김씨와 함평 이씨가 터줏대감이었지만, 고인후의

⌂ 양동마을에는 이언적 가문의 종가인 무첨당이 있고, 월성 손씨가 살던 종가인 서백당이 있다. 서백당은 양동마을에서 가장 오래된 집이다.

후손들이 창평에 정착한 이후에는 고씨들의 무대가 되었다. 여기에는 상월정上月亭이라는 창평 고씨 '가문의 공부방'이 있다. 고인후 종가 뒤에 있는 월봉산 중턱에 자리 잡은 상월정은 처음에는 언양 김씨 가문의 공부방이었지만, 함평 이씨 가문으로 이어지다가 다시 창평 고씨 가문으로 이어져 오늘날에 이르고 있다. 세 가문이 번갈아 공부방의 주인이 되었는데, 그때마다 외손들이 주인공이었다.

상월정은 1,000년 전에는 대자암大慈庵이라는 절이었다. 언양 김씨 가문의 공부방 역할을 한 대자암은 1457년 강원 감사를 지낸 김응교金應敎가 상월정으로 이름을 바꾸었다. 유교를 내건 조선이 건국되었기 때문이다. 상월정은 이어 언양 김씨 사위가 된 함평 이씨 가문으로 넘어갔다 다시 함평 이씨의 사위가 된 창평 고씨로 넘어왔다. 모두 외가에 소유권을 넘겨준 것이다. 고인후의 종손인 고영준은 "언양 김씨와 함평 이씨가 각각 300년씩 600년을 경영하다 이어 창평 고씨들이 17세기부터 주인이 되었다. 창평은 외가의 기세가 센 지역이다"라고 우스갯소리로 말했다.

창평 고씨가 상월정의 주인이 된 때는 고인후가 금산전투에서 의병장인 아버지 고경명高敬命과 함께 순절한 이후라고 한다. 고인후는 황해 감사를 지낸 함평 이씨 이경李儆의 사위다. 이경은 사위가 순절하자 외손자에게 상월정을 물려주었다. 이후부터 고인후의 후손들이 창평에 살게 되었고 수많은 인재를 배출하면서 '창평 고씨'(창평 '장흥 고씨'의 별칭)로 불리게 된 것이다.

　　가문의 역사는 자연의 사계절 변화처럼 시간의 흐름 속에서 엄격하게 진행됨을 알 수 있다. 한때 영원할 것처럼 장성하던 가문도 부침을 거듭하고 결국 시간 앞에서 멸명과 함께 새로운 진화의 단계로 나아가는 것이다. 그리고 그 단계마다 때로 벤치마킹을 하면서 창조적 진화를 이끈 주역들이 있기에 새로운 가문의 역사가 쓰이는 것이다. 여기에 '위대함'으로 이끌어준 멘토에 대한 감사함을 잊지 않고 다음 세대로 세의世誼(대대로 사귀어온 정)를 이어간다면, 이 또한 삶의 숭고함이라고 말할 수 있지 않을까?

　　나도 어릴 적 자주 어머니를 따라 외가에 갔다. 중학생 때에는 진주 외삼촌 집에 방학 때마다 가기도 했다. 나에게 외삼촌은 류복기의 멘토가 되어준 학봉 김성일과 같았다고 감히 말하고 싶다. 나는 청소년 시절부터 고학으로 학업을 마치고 교사의 길을 가고 있던 외삼촌을 존경했고, 지금의 내가 있기까지 외삼촌은 많은 영향을 주었다. 외삼촌은 교사로 재직하다가 교장으로 정년 퇴임했다.

　　우리 형제들은 대부분 외삼촌, 이모, 외할머니와 친하게 지낸다. 그 이유는 어쩌면 모계의 끈끈함이 아닐까 싶다. 어머니는 아이를 잉태해서 낳는데 그 아이가 어머니의 핏줄이라는 것은 누구도 부인하지 못한다. 외할머니가 외손자나 외손녀와 더 친밀한 까닭이 여기에 있다.

고택,
그 오래된
미래

대구 옻골마을이라는 곳에는 오래된 경주 최씨 고택이 있다. 이 고택은 17세기 초, 대암臺巖 최동집崔東㠍이라는 사람이 30세가 되던 1616년에 조성했다고 한다. 그 이후 현재까지 옻골마을에는 경주 최씨들이 14대에 걸쳐 살고 있다.

한필원의 『한국의 전통마을을 가다』에 따르면, 이 고택이 지금까지 이어져올 수 있었던 것은 건축을 설계하듯 가문의 기획자에 의해 철저하게 설계된 주거지이기 때문이라고 한다. 이 고택은 산기슭에 기대어 조성된 여느 마을과는 달리 집 뒤에는 넓은 평지와 과수원이 있다. 또한 고택 뒤에는 집을 짓거나 산소를 쓰지 말라는 문중의 불문율에 따라 넓은 평지는 주거지로 확장되지 않았다. 고택이 뒷산으로 바짝 다가가지 않은 것은 마을이 확장되는 것을 바라지 않아서

였다. 자녀가 태어나고 분가하면 집을 지어야 하는데, 그러자면 마을
은 세대가 거듭될수록 확장되기 마련인데 옻골마을은 그렇지 않았다
는 것이다.

경주 최씨 가문은 세력을 확장하기보다 현상 유지를 의도한 것
이라고 할 수 있다. 그것은 이곳에 처음 입성한 최동집이 후손들을 더
넓은 곳으로 보내 '광역 가문 경영'을 꿈꾸었기 때문이다. 최동집은
말하자면 가문의 기획자라고 할 수 있는데, 그는 단지 자기 세대뿐만
아니라 후손들의 삶까지도 영향을 미치는 기획을 한 것이다. 후손들
이 한 마을에서 살기보다 제2, 제3의 옻골마을을 조성하도록 이끌었
다는 것이다. 즉, 옻골마을에서는 마을을 최소화해 베이스캠프로 삼
고 그곳을 중심으로 넓은 지역에 자손들을 배치해 영향력을 확대하는
매우 독특한 영역 확장 전략이 전개되었다는 것이다.

건축가들은 사람이 사는 집에는 바람의 흐름을 잘 살펴야 한다
고 강조한다. 풍수 이론은 물과 바람이 집에 영향을 미친다는 것이 핵
심이다. 나는 합천호가 바라보이는 곳에 작은 한옥을 지었는데, 전망
이 잘 보이도록 집 옆에 있는 대나무 등을 잘랐다. 그랬더니 집 기둥
이 시꺼멓게 때가 타기 시작했다. 호수에서 불어오는 습기가 고스란
히 기둥에 전달되어 청이 낀 것이다. 얼마 전에 자동으로 청을 제거하
는 기계를 사서 이를 제거하느라 혼쭐이 났다. 이러한 경험을 하면서
집을 유지하고 사람이 살아가는 데 영향을 미치는 바람과 물에 대한
대응이 얼마나 중요한지를 알 수 있었다.

옻골마을은 가문의 기획자인 최동집이 마스터플랜을 마련했다.
이어 그 후손들은 가문의 마스터플랜이 잘 가동되고 지속될 수 있도
록 살기 좋은 곳으로 만드는 일에 착수했다. 바로 마을이 나쁜 환경적
인 영향을 덜 받도록 마을 입구에 연못을 파고 그 앞으로 둔덕을 만들
어서 회화나무와 느티나무를 심었다. 마을을 상징하는 나무를 심은
것이다. 마을이 아늑하게 보호되고 아름다운 마을을 만들기 위해 마
을 차원의 조경 사업을 벌인 것이다.

또한 연못을 만든 것은 마을 뒷산 봉우리의 큰 바위와 관련된다.
대암大嵓이라고 불리는 이 바위의 형태가 거북을 닮았다고 하는데, 거
북은 물이 있어야 살 수 있어 마을 입구에 연못을 만들었다는 것이다.
회화나무와 느티나무를 심은 것은 마을을 관통하는 바람을 차단하는
구실을 한다. 풍수 이론에서는 이를 비보裨補라고 부르는데, 즉 도와서
모자라는 것을 채우는 역할을 한다.

옻골마을은 최동집의 5대손에서 큰 인물을 배출하는데, 백불암
百弗庵 최흥원崔興遠이라는 학자다. 그는 벼슬에 나아가지 않고 고향을 지
키며 치열하게 학문에 힘쓰면서 56년 동안 『역중일기歷中日記』라는 책
을 남겼다. 그는 재실齋室인 보본당報本堂을 건축하는 것을 비롯해 34세
부터 67세까지 건축 사업을 지속적으로 벌이며 종가를 가문 경영의
중심지로 만들었다. 그는 특히 향약을 실천한 인물로 유명하다. 또 이
에 필요한 창고인 선공고(세금을 내는 창고)와 휼빈고(백성을 구휼하는 창
고), 교육시설인 부인동강사 등을 건축했다. 또한 문중 교육시설인 효

⬆ 대구 옻골마을은 마을을 최소화해 베이스캠프로 삼고 그곳을 중심으로 넓은 지역
에 자손들을 배치하면서 그 영향력을 확대해왔다. 옻골마을 백불고택.

제당을 정비했다.

　전통마을에서 주거지는 어떤 질서에 의해 조성되는데, 자연 요소가 만들어내는 축이 건축에 질서를 부여한다는 것을 알 수 있다. 옻골마을에서는 대암이라는 바위가 한 축이 되어 종가의 질서가 형성되었다. 여기에 다른 한 축으로 가문의 기획자와 그 후손들에 의해 유교적 질서가 구축되고 거기에 맞춰 하나씩 콘텐츠가 만들어지면서 전통마을로 수백 년을 이어올 수 있었다.

　흔히 대문은 길에서 곧장 보이면 좋지 않다고 한다. 길에 노출되면 좋지 않은 기운이나 먼지 등이 대문으로 들어오고 그렇게 되면 집 안에 해로운 분위기를 만들 수 있기 때문이다. 옻골마을의 담장을 따라가다 보면 그 속에 깃들어 있는 오래된 풍경들을 어렴풋이 만날 수 있다. 우리가 오래된 고택에 가보고 싶어 하는 것은 어쩌면 그 오래된 풍경을 만나고 싶어 하기 때문일 것이다.

나바렝스에
살고
싶다

나는 앙리 르페브르Henri Lefebvre라는 프랑스 사회학자가 쓴『모더니티 입문』이라는 책을 보면서 크게 감명을 받은 적이 있다. 이 책에는 우리나라의 신도시 정책에 대해 비판적으로 접근해볼 수 있는 대목들이 있기 때문이다.

앙리 르페브르는 중심부에 의해 식민화된 신도시에 대한 고찰을 통해 이른바 '주거용 기계'로 전락한 신도시에서 일상생활의 파편화와 함께 상업화를 고발하고 있다. 앙리 르페브르는「어떤 신도시에 대한 메모」에서 "나는 무렝스Mourenx에 발을 들여놓을 때마다 이상한 공포로 몸을 떨게 된다"라고 썼다. 무렝스는 유럽과 미국에서 막 생기기 시작한 다른 신도시들과 마찬가지로 일종의 신도시의 원형이었다. 그는 먼저 무렝스의 편리한 시설들에 대해 묘사한다.

"주민들에게 욕실이나 샤워실, 건조실을 제공하고, 완벽한 조명시설이 갖추어진 공간에 앉아 라디오와 텔레비전을 보면서 사람들이 자기 집이라는 아늑함 속에서 세상을 관조할 것이라는 사실을 알고 있다.⋯⋯이곳에서는 국가자본주의가 훨씬 더 능숙하게 작동한다."

르페브르는 신도시 아파트를 '주거용 기계'라고 하면서 무렝스의 도시화 패러다임이 철저하게 '데카르트적'이라고 확신한다. 즉, 신도시는 이성적 기계가 작동하는 도구적인 기계라는 것이다. 르페브르는 무렝스의 아파트 단지들은 기술의 산물이자 기계라면서 그렇다면 이곳에서 공동체가 창조될 수 있을지에 대해 의문을 제기한다. 무렝스는 노동의 재생산을 위해 기획된 도시다. 인간과 건축, 인간과 인간을 이어주는 유기성은 존재하지 않는다.

그는 신도시 무렝스를 14세기에 지어진 중세 도시 나바렝스Navarrenx와 비교해 논의를 진전시켜나간다. 그가 살고 있는 나바렝스는 무렝스와 달리 유기적인 친밀함이 있는 곳이다. 그는 나바렝스를 바다고둥에 비유하며 유기적인 면을 강조한다.

"서서히 구조를 분비하는 생물체로서 바다고둥의 모습이 바로 그것이다. 종 전체의 광대한 생명이, 이 생명체가 살아남기 위해서, 그리고 자신의 특이성을 유지하기 위해서 쏟아부었던 엄청난 노력이 축적되어 있는 것이다(바다고둥의 껍질은 이 생명체가 오랜 시간 동안 분비를 통해 만들어낸 것이다). 고둥 껍질 속의 역사와 문화, 이 도시는 천년을 버티어온 공동체의 활동과 형태를 구현하고 있다. 이 공동체는 스스로의 필요에 부합되는 자신의 껍질을 만들고, 또 만들어 그것을 거듭 변화시키면서 그러한 형태를 갖추어왔던 것이다."

르페브르는 바다고둥에 대한 은유를 통해 껍질 속의 생명체(주민)와 주거지(신도시) 사이의 관계를 강조하고자 한다. 이를 통해 도시 본연의 축제가 사라진, 데카르트적 이성만이 존재하는 기계와 같은 신도시를 비판한다. 그와 동시에 집단적인 훈육과 일상의 노동에 갇혀 있어 사회적인 유대를 강하게 만들고 모든 욕망을 자유롭게 하는 축제가 실종된 신도시는 오직 자본주의의 일상성에 의해 짓눌리고 있다고 말한다. 그것은 이른바 도시계획의 일환으로 전개되어 권력 위주의 도시화만이 끝없이 연장되고 있다고 비판한다.

르페브르는 주거 공간이 자본주의적 생산을 새로운 지역으로 확대시키는 하나의 주요한 상품으로 기능한다고 보았다. 또 자본주의는 오직 공간을 점령하고, 공간을 창조함으로써만 생존해왔다고 주장한다.

르페브르의 도시주의를 계승한 데이비드 하비David Harvey도 그 연장선상에서 신도시를 비판한다. 하비는 1972년 미국 신도시 세인트루이스의 프루이트-이고Pruitt-Igoe 주거 단지 폭파 철거는 모더니즘적 건축물의 상징적 죽음으로, 그 자체가 거대한 스펙터클이었다고 말한다. 미국은 이미 50여 년 전에 거대한 아파트를 폭파한 것이다. 우리나라 신도시들도 언젠가 폭파되는 운명을 맞이하지 않을까?

이 주거 단지의 폭파는 모더니즘 건축의 죽음을 알리는 극적인

⬆ 데이비드 하비는 1972년 미국 신도시 세인트루이스의 프루이트−이고 주거 단지 폭파 철거를 모더니즘적 건축물의 상징적 죽음이라고 말했다.

순간으로 기록된다. 하비는 모더니즘 건축의 문제는 근대 도시의 계획자들과 건축가들이 시장의 요청과 상품, 이윤의 명령에 따라 움직이고 있는지의 문제라고 강조한다.

주거용 기계는 주택의 기능주의적 요소를 강조하는 모더니즘의 산물이라고 할 수 있다. 즉, 합리성에 기반한 모더니즘 건축은 노동의 재생산을 위한 주택의 대량생산을 낳았다. 아파트는 늦게 귀가해서도 샤워를 하고 잠을 자고 다시 아침이면 일어나 따뜻하게 공급되는 온수로 샤워를 하고 노동을 위해 일터로 출근할 수 있는 최적화된 주거형태다. 말하자면 국가가 노동의 재생산을 확보할 수 있는 집이라고 할 수 있다.

집은 개인적인 취향이나 기호에 따라 개인의 의지로 짓거나 선택할 수 있는 주거 공간이라면, 주거지는 대량생산되어 취향이나 기호를 배재하고 취사선택의 여지가 거의 없는 주거 공간이라고 할 수 있다. 말하자면 우리나라 아파트 주거 문화는 노동의 지속적인 재생산에 합리적인 주거 형태라고 할 수 있다.

나는 전국에 우후죽순처럼 솟아나는 아파트 단지들을 볼 때마다 수십 년 후에 아파트로 인해 사회적인 재앙이 닥칠 것 같다는 불길한 예감에 휩싸인다. 인구가 줄어들고 노령화가 진행되면 생산 시설이 사라지는 지역에서 아파트는 노동의 재생산을 위한 공간으로 있을 필요성이 사라지기 때문이다. 지구 멸망을 그린 영화의 한 장면을 보는 것처럼 말이다. 또 수십 년마다 아파트 단지를 부수고 재건축하는 과정을 피할 수 없는데, 그때마다 거기에 사는 사람들은 다시 이곳에 살기 위해 이주와 신축에 소요되는 엄청난 비용을 감당해야 한다.

과연 그런 주거 단지 혹은 주거용 기계가 언제까지 지속될 수 있을까? 재건축 아파트들은 점점 초고층을 향해 가는데 어디까지 더 높이 올라갈 수 있을까? 이제 재건축을 하지 못하는 아파트들은 폭파될 수밖에 없는데, 그때 재산상 손해는 어떻게 될까? 이런 의문이 종종 들기도 한다. 나는 사회적 재난이 닥칠 것만 같은 예감이 든다.

언젠가 여행할 수 있다면 르페브르가 살았던 나바렝스에 가보고 싶다. 그래서 그곳 어느 집에서 바다고둥이 되어 한 번 살아보고 싶다. 완벽한 욕실이 아니더라도, 아늑한 소파에 앉아 텔레비전을 보지 않더라도, 소비를 위한 자본주의가 덜 작동하더라도 말이다. 그런데 나바렝스는 이미 우리 선인들이 살았던 전통마을의 한옥이나 초가집에서 구현했다는 생각이 든다. 그렇다면 멀리 프랑스까지 갈 필요도 없지 않을까? 혹은 이미 마음이 나바렝스에 살고 있다면, 그보다 좋은 집이 있을까?

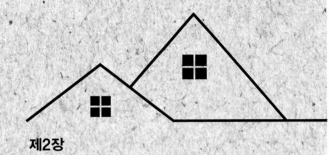

제2장

집을
위한
인문학

그리움이
완성되어
집이
되면

　　한승원의 소설 『다산』에는 정약용이 제자 황상에게 그윽하게 사
는 사람의 모습에 대해 써준 글이 소개되어 있다. 이 글은 「숨어 사는
자의 모습題黃裳幽人帖」에 나오는데, 읽다 보면 금세 은자隱者가 사는 공
간으로 들어가고 싶은 충동을 억제할 수 없다.

　　"집 짓고 살아갈 땅은 산수가 아름다운 곳을 선택해야 한다. 커
다란 강과 산이 어우러진 곳은 좁은 시내川와 자그마한 동산이 어우러
진 곳만 못하다. 그 좋은 땅으로 들어가려면 골짜기를 따라 들어가야
하는데 그 어귀에는 깎아지른 절벽에 기우뚱하게 서 있는 바위들 몇
이 있어야 한다. 조금 더 안으로 들어가면 병풍이 펼쳐지듯 시계가 환
하게 열리면서 눈을 번쩍 뜨이게 해주는, 이런 곳이라야 복된 땅이다.
한가운데 땅의 기운이 맺힌 곳에 띳집 서너 칸을 정남향으로 짓는다.

방 안에는 책꽂이 두 개를 설치하고 거기에는 1,300~1,400권의 책을 꽂아야 한다. 책상 아래에는 까만 동으로 된 향로를 놓아두고, 아침저녁으로 향을 하나씩 피운다."

어느 날 다산이 황상에게 명나라 황주성黃周星의 「장취원기將就園記」를 읽어주자 황상이 자신도 그렇게 살고 싶다고 스승에게 아뢰면서 그 꿈을 시로 지어 올렸다. 이때 다산은 「숨어 사는 자의 모습」을 지어주며 어린 제자에게 숨어 사는 선비의 바른 마음가짐을 말해주었다. 그런데 「숨어 사는 자의 모습」에서 유인幽人, 즉 은자의 삶은 전남 강진에 유배되어 있던 다산이 이루고자 했던 삶이 아니었을까?

장취將就라는 말은 『시경』에 나오는데, "내 곧 이루고 싶지만 아직도 잃고 흩어져 갈피 잡지 못하네將予就之 繼猶判渙"에서 비롯된 말이다. 이 시구는 무언가를 하고 싶지만 그 방법을 모른다는 의미로 해석된다. 장취원將就園은 만들고 싶지만 현실적으로는 만들지 못하는 원림源林이라는 의미다. 적응하기 어려운 현실에서 남과 타협하기 싫어 새로운 세상에 살고자 구상해본 이상적인 삶의 공간이다. 장산將山, 취산就山, 장원將園, 취원就園은 모두 허구다.

15세 때 다산을 만나 가르침을 받은 황상은 후일 '일속산방一粟山房(좁쌀 한 톨만 한 작은 집)'이라 불리는 집을 짓고 살았다. 일속산방은 추사 김정희가 그에게 내려준 당호. 스승인 다산은 가끔 일속산방에 가서 하룻밤을 지내기도 하고, 황상이 지어준 조밥에 아욱국을 먹고 시를 짓기도 했다. 당대의 화가인 소치小癡 허련許鍊은 황상을 위해 〈일

☖ 황상은 일속산방에 살면서 스승인 다산의 가르침을 실천에 옮겼다. 그에게 일속
산방은 자신의 삶을 완성하는 오이코스였다. 허련의 〈일속산방도〉(1853년, 개인 소장).

속산방도一粟山房圖〉를 그려주어 오늘날까지 전해지고 있다. 황상이 쓴 글에는 일속산방의 내력에 대한 내용이 나온다.

"내가 일속산방을 짓겠다는 뜻을 아뢰자 선생은 놀라시며 '자네가 어찌 내 마음을 말하는가?'라고 하셨다."

황상은 어린 제자였지만 스승과 은자의 삶에 이심전심으로 통했던 것이다. 황상은 스승의 염원을 담아 "구름과 안개 노을이 포근히 덮어 가려주고, 가는 대나무숲과 향기 짙은 꽃들이 푸름과 향기를 실어주는 곳"에 은자의 거처를 마련하고 스승의 가르침을 실천에 옮겨 시골 소년에서 훌륭한 시인으로 성장했다. 그는 죽을 때까지 일속산방에 살며 부패한 사회를 고발하는 풍자의 다산 시풍을 계승하고, 『치원유고梔園遺稿』라는 문집을 남겼다. 이 얼마나 아름다운 인연이며 삶이런가.

황상에게 집은 결코 부를 축적하는 도구적 공간이 아니라 자신의 삶을 완성하는, 아늑한 오이코스oikos였다. 오이코스는 공적 영역인 폴리스polis에 대비되는 사적 생활 단위의 '집'을 의미하는 그리스어다. 황상의 일속산방은 소박하지만 의미 있는 꿈을 만들어가는 오이코스라고 할 수 있다. 채마밭에서 먹고살 만큼의 농작물을 키워내면서 자신의 내면을 가꾸는 작은 세계의 축소판이었던 것이다. 그는 일속산방에서 부족한 게 없었을 것이다.

"뜰 앞에는 벽을 한 줄 두르는데, 너무 높지 않게 해야 한다. 담장 안에는 석류와 치자, 목련 등 갖가지 화분을 각기 품격을 갖추어 놓아둔다. 국화는 제일 많이 갖추어서 48종쯤은 되어야 한다. 마당 오른편에는 작은 연못을 판다. 사방 수십 걸음쯤 되면 넉넉하다. 연못 속에는 연꽃 수십 포기를 심고 붕어를 길러야 한다. 대나무를 따로 쪼개 물받이 홈통을 만들어 산의 샘물을 끌어다가 연못으로 졸졸졸 떨어지게 한다. 연못의 물이 넘치면 담장 틈새를 따라 채마밭으로 흐르게 한다.……문 밖에 임금이 부른다는 공문이 당도하더라도 씩 웃으며 응하면서 나아가지 않는다."

한승원은 소설에서 다산의 이런 글을 소개한다. 그야말로 누구나 한 번쯤 희구하는 전원의 삶이 아닐까? 여기서 임금이 불러도 씩 웃으며 나아가지 않는다는 표현에서 자신의 꿈을 유배지에서 억눌러야만 했던 다산의 한스러운 정서가 그대로 묻어나온다.

형비포치衡泌鋪置는 은자가 생활하는 주거 공간의 배치를 의미한다. 형비는 은자가 살아가는 집이고, 포치는 배치라는 뜻이다. 형비는 『시경』에 나오는 "누추한 집일망정 즐겁게 살 수 있고, 콸콸 흐르는 샘물로 허기를 채울 수 있다衡門之下 可以棲遲 泌之洋洋 可以樂飢"에서 연유한다. 이 시는 세상의 소란함을 피해 자연과 더불어 사는 은자의 삶을 읊조리고 있다.

3,000년 전에도 세상은 여전히 소란스러웠고 뜻있는 사람들은 궁중에서가 아니라 전원에서 살며 은자의 길을 가고자 소망했다. 그러나 은자의 길은 아무나 갈 수 없었다. 그리고 은자가 사는 이상적인 마을도 현실에서는 찾아볼 수 없었다.

　　그런 점에서 다산의 「어사재기於斯齋記」는 집에 대한 생각을 정리하는 데 도움이 될 것 같다. 청해淸海(현재 전남 완도)의 절도사節度使로 있던 이민수李民秀가 그의 재실齋室에 '어사('여기 이 집'이라는 의미)'라는 편액을 달자 다산은 이런 글을 써주었다고 한다.

　　"내게 없는 물건을 바라보고 가리키며 '저것'이라 한다. '이것'은 내가 내 몸에 이미 지닌 것이다. 하지만 보통 내가 지닌 것은 내 성에 차지 않는다.……천하에 지금 눈앞의 처지만큼 즐거운 것은 없다. 하지만 백성은 오히려 높은 집과 큰 수레에 목말라하고 죽을 때까지 미혹을 못 떨치고 오로지 '저것'을 바란다."

　　다산은 '사斯'란 자기에게 만족을 찾고 남에게 만족을 찾는 것을 원하지 않는다는 뜻으로 풀이한다. 즐거움은 먼 데 있지 않고 지금 자신이 있는 곳에 있다는 말이다. 다산도 자신이 살고 있는 곳을 중시했기 때문에, 척박한 유배지에서도 사람들이 처한 고난과 그 해결 방도를 찾아내려고 고심했던 것이다. 어쩌면 이상적인 집은 은자의 이상향처럼 가까이 할 수 없지만, 다산이 말한 것처럼 마음속에 자기 만족적인 집을 짓고 살아간다면 그것이 최고의 집이 아닐까?

이황,
이상향을
짓다

조선시대를 통틀어 가장 많은 건축물을 남긴 철학자는 아마도 퇴계 이황이 아닐까 싶다. 퇴계는 고향에 집 다섯 채를 지었다. 단순히 집을 소유한 건축주가 아니라 집을 짓는 데 그의 성리학적 세계관을 집짓기에 적용시키고, 직접 설계도를 그리는 등 탁월한 안목을 보여주었다.

김동욱의 『도산서당, 선비들의 이상향을 짓다』에 따르면, 사람이 평생 한 번 집을 지을까 말까 함에도 퇴계는 여기저기에 집을 지으며 옮겨 다녔다. 평생 학문을 했던 것처럼 건축을 하면서 살았다고 해도 과언이 아니다. 본부인을 상처한 지 3년 만인 30세 때 권씨 부인을 맞이해 달팽이집이라는 이름의 지산와사芝山蝸舍를 지었다. 그리고 자신이 거처하는 방을 선보당善補堂이라고 했다. 퇴계는 여기에서 15년 동안 살았지만 대부분 한양에서 생활했다.

　　퇴계는 한양 생활 3년째부터 고향에 돌아가기를 꿈꾸었다. 한양 생활 10년을 넘긴 46세 때인 1546년 봄 휴가를 얻어 고향에 내려온 퇴계는 귀경 중에 병이 나서 고향으로 다시 돌아왔다. 그리고 휴가 기간을 넘겨 해직되었다. 다른 사람들이라면 온갖 해명을 하면서 공직에서 해임되는 것을 막으려고 했을 텐데도 퇴계는 오히려 해직을 기뻐했다.

　　46세 때 거처를 토계리로 옮기고 두 번째 집인 양진암養眞庵을 지었다. 홍문관 응교應敎에 임명되어 한양으로 가면서 퇴계는 설계도를 직접 그리고 집에 있는 아들 준에게 설계도대로 집을 지을 것을 당부했다. 아들은 5월에 집을 짓기 시작해 11월에 완공했다. 이즈음 이황은 동네 이름에서 호를 따서 '퇴계'로 삼고 이를 주제로 시를 썼다.

　　　　관직에서 물러나니 본분에 편안하지만 身退安愚分
　　　　학문이 퇴보함은 노년의 걱정 學退憂暮境
　　　　시냇가에 비로소 집을 짓고서 溪上始定居
　　　　흐르는 물 보며 날로 반성하네. 臨流日有省

　　49세 때 벼슬을 던지고 고향에 내려온 퇴계는 이듬해 2월 계상溪上 서쪽에 집을 장만하고 한서암寒棲庵이라는 정사精舍를 짓고 본격적으로 주자학을 연구하기 시작했다. 한서암은 살림집이라기보다 퇴계의 서재이면서 제자들이 찾아와서 가르침을 받는 곳이었다. 한서는 원래 속세를 떠나 산중에서 가난하게 거처한다는 뜻이다. 주자는 무이정사 武夷精舍를 지으면서 한서관이라는 이름을 지은 바 있다. 이황 역시 주자의 행적을 본받아 자신의 정사를 한서관에서 따와 한서암이라고 지은 것이다. 퇴계는 집이 완성되었을 때 그 심경을 이렇게 적었다.

"세상에 발을 잘못 내디뎌 세속을 따르느라 골몰하다 보니 수십 년의 세월이 홀연히 이미 잘못 지나갔다. 고개를 돌려 회상하여 보니 망연자실할 뿐이라 내 몸을 어루만지며 크게 탄식할 뿐이다. 그래도 오히려 다행스러운 것은 몸을 거두어들여 본래의 모습으로 돌아와 옛 서적을 찾아내어 깊은 뜻을 찾고 뜻을 풀어보니 때때로 내 뜻에 맞는 것이 정말 옛날부터 이른바 '공부에 몰두하면 혼연히 밥 먹는 것도 잊는다'고 한 말이 나를 속이지 않음을 알겠다. 퇴계(토게리) 곁에 겨우 몇 칸의 집을 엮어 이제부터는 곧바로 죽을 때까지 기약하고, 묵묵히 앉아 고요하게 학문을 완성하면서 여생을 지내려 한다."

퇴계는 많은 제자가 찾아와서 한서암이 협소하고 불편해지자 이듬해 근처에 계상서당溪上書堂을 지었다. 제자인 학봉 김성일이 와서 본 바에 따르면, 계상서당을 포함한 퇴계의 집은 겨우 10여 칸에 불과했다. 그러나 퇴계는 이곳에 좌우로 도서를 둘러두고 세상의 근심을 잊은 듯 학문에 침잠했다고 했다. 퇴계는 도산서당이 완성되고 나서도 겨울철과 한여름에는 여기에서 지냈다. 자신이 숨을 거둔 곳도 이곳 계상서당이었다.

퇴계는 마지막으로 도산서원을 끝으로 기나긴 건축 여정을 마감한다. 57세 때 도산에 터를 얻었고 61세 때 땅을 구입한 지 4년 만에 도산서당을 완성한다. 도산서당은 정면 3칸에 측면 1칸의 아주 소박한 규모다. 도산서원에 가서 도산서당을 대면하면 그 소박함에 숙연해진다. 이황은 이 작은 규모의 도산서당을 짓고 그 기쁨을 담아 「도산잡영陶山雜詠」이라는 글을 지었다.

"도산의 남쪽에 땅을 얻었다. 이곳에는 작은 골짜기가 있어 앞으로는 강과 들이 굽어 보인다. 그 모습이 그윽하고 아득하며 둘레가 멀고 바위 기슭은 초목이 빽빽하고도 또렷한 데다가 돌우물은 달고 차서 은둔하기에 딱 알맞은 곳이었다.……법연이라는 중이 일을 맡았는데, 얼마 지나지 않아 법연이 죽자 정일이라는 중이 그 일을 이어받았다. 정사년(1557)부터 신유년(1561)까지 5년이 걸려 서당과 정사 두 채가 대략이나마 완성되어 깃들어 쉴 수 있었다."

퇴계는 집 짓는 일의 어려움을 토로하기도 했다. 도산서당 공사를 막 시작한 어느 날 제자 황준량에게 보낸 편지에서 "스스로 고생을 사서 하니 때로 혼자 웃습니다"라고 토로했다. 해가 바뀌어 1561년이 되었지만 공사는 아직도 마치지 못하고 있었다.

조선시대의 건축 공사는 대개 기초를 다지고 집이 완성되는 데 6개월에서 1년 정도면 되었다. 조선시대의 건축은 뼈대를 목조로 하고 벽체만 흙으로 마무리하는 것이어서, 미리 재목材木을 다듬어두었다가 공사가 시작되면 일시에 조립을 해나가 그만큼 시간을 단축할

☝ 퇴계 이황은 지산와사, 양진암, 한서암, 계상서당 등을 짓고, 마지막으로 정면 3칸 측면 1칸의 아주 소박한 규모의 도산서당을 끝으로 기나긴 건축 여정을 마감했다. 경북 안동 도산서원 내에 있는 도산서당.

수 있었다. 보통 터를 다지기 시작해 기둥을 세우고 상량을 하는 데까지 2개월, 지붕을 올리고 기와를 얹는 데 1개월, 내부의 벽을 마무리하고 창호를 설치하는 등 마무리 공사에 2~3개월이 걸렸다.

누구나 집을 지어보면 알 테지만, 새로운 터를 마련하고 여기에 지을 집을 구상하고 궁리하는 일이 한편으로는 힘들고 버겁기도 하지만 한편으로는 색다른 즐거움이기도 하다. 집은 그 자신의 모든 것을 투입한다. 건축 비용도 그렇고 설계와 시공에도 자신의 생각과 신념이 투입된다. 그렇게 집을 짓다 보면 영혼을 다 바쳐 짓는 것 같은 생각마저 든다. 집짓기는 즐거움 못지않게 괴로움이 깃들어 있는 여정이다.

퇴계의 집짓기에는 이상적인 집을 마련하려는 평생의 소원이 담겨 있었다. 퇴계의 소망은 다름 아닌 산수에 묻혀서 공부에 전념하는 것이었다. 퇴계 역시 그랬던 것 같다. 퇴계는 땅을 구하고 집을 짓는 데 자신의 철학과 재산을 모두 투입했다. 오래도록 알맞은 터를 구하려다 뜻밖에 도산 남쪽 사는 곳 가까이에 자신의 마음에 드는 터를 구하고 그 기쁨을 시로 읊고 나서 다시 며칠 뒤 그곳을 찾은 퇴계는 이번에도 시를 짓고 그 기쁨을 노래하고 이를 제자와 아들에게 보여주었다.

도산서당은 흰옷을 단정하게 차려입은 선비를 연상시킨다. 퇴계는 평생을 두고 소망하던 이상적인 집인 도산서당에서 10년 동안 지내면서 성리학을 한 단계 끌어올리고 별처럼 빛나는 수많은 제자를 길러냈다. 비록 작은 집이었지만 도산서당은 주변의 여러 사물과 하나가 되어 그 공간은 무한히 넓은 세계로 확장되었다. 한 인간의 길이 이토록 울림이 클 수 있음을 퇴계의 집짓기와 그의 생애를 통해 엿볼 수 있지 않을까?

철학으로
짓는
집

퇴계는 다섯 번 집을 지었는데, 그가 이상적인 스승으로 존경한 주자도 다섯 번에 걸쳐 집을 지었다. 10년 정도 관직 생활을 한 주자는 거의 평생을 사록관祀祿官으로 지냈다. 사록관은 송나라 때 만들어진 관리 우대제도의 하나로 관직에 나아가지 않고 집에 머물며 학문 연구에 전념할 수 있도록 한 제도다. 주자는 40세 때인 1169년 어머니가 돌아가시자 묘 인근에 한천정사寒泉精舍를 세웠다. 주자의 첫 번째 집이다. 이듬해인 1170년에는 노봉산蘆峰山 정상 부근인 운곡雲谷에 터를 구해 초당草堂을 세우고 회암晦庵이라 했다. 회암은 주자의 호다. 주자의 두 번째 집이다.

54세 때인 1183년에는 무이산武夷山에 무이정사를 지었다. 아홉 굽이로 흘러내리는 계곡의 경치가 뛰어나 무이구곡武夷九曲으로 알려진 곳으로 제5곡에 정사를 지었다. 주자의 세 번째 집이다. 무이정사는 후에 창주정사滄洲精舍로 이름을 고쳤다. 63세 때인 1192년 옥침봉玉枕峰 아래에 고정考亭을 지었다. 주자의 네 번째 집이다. 고정은 오래전부터 그가 기거하려던 곳이었는데, 오랜 시간이 흘러 그제야 뜻을 이루었다. 주자는 71세 때 고정에서 숨을 거두었다.

65세 때 문인들의 출입이 늘어나자 고정 부근에 죽림정사竹林精舍를 지었다. 주자의 다섯 번째 집이다. 퇴계가 한서암을 짓고 제자들의 출입이 늘어나자 계상서당을 지은 것과 같다. 또 계상서당이 비좁아지자 도산서당을 지은 것과 같다. 주자가 거처로 삼은 곳은 주로 한천정사와 고정이었다고 한다.

함성호는 『철학으로 읽는 옛집』을 썼는데, 이 책의 부제는 '조선의 성리학자들은 왜 건축에 중독되었는가?'다. 여기에는 조선 성리학의 거두인 이언적의 집짓기가 소개되어 있다. 독락당이 있는 자옥산紫玉山 기슭은 이언적이 태어난 양동마을에서 서쪽으로 15킬로미터 정도 떨어져 있다. 이언적이 낙향하기 전에 이미 아버지 이번李蕃의 정자가 있었고, 그 후 이언적의 둘째 부인인 석씨에 의해 행랑채와 안채가 지어져 있었다. 이언적은 낙향한 후에 아버지의 정자를 보수해 계정溪亭을 만들었고 거기에 양진암養眞庵을 증축하고 독락당을 지었다.

함성호는 "독락당은 외가의 집성촌인 손씨들이 사는 양동마을로부터 피난처 구실을 했다"며 흥미로운 분석을 한다. 독락당에서 7년을 보낸 이언적은 다시 등용되어 경상 감사로 임명을 받은 후 보란 듯

⬆ 독락당은 이언적이 낙향한 이듬해인 1532년에 지어진 건물로 그는 이곳에서 말년을 보냈다. 옥산정사玉山精舍라고도 한다.

이 월성 손씨가 득세하고 있는 양동마을 초입에 향단을 짓는다. 당당
하게 월성 손씨의 본거지에 여강 이씨의 터를 잡은 것이다. 독락당은
이언적이 절치부심하던 가장 불우한 시절을 보냈던 집이다. 그러나
그는 자신의 불우를 자연과 시와 철학으로 승화시켜 조선 역사상 가
장 아름다운 집으로 완성했다.

　이언적은 다름 아닌 퇴계가 스승으로 존경했던 인물이다. 퇴계
의 집짓기에는 이언적의 영향도 있었을 것이라 짐작할 수 있다. 다만
퇴계의 집짓기에는 성품이나 철학만큼 소박하지만 엄격한 절제미를
발견할 수 있다. 이와 달리 이언적의 집짓기는 당찬 자태를 드러내기
도 하고 개방적이기도 하고 폐쇄적이기도 하다. 독락당이 폐쇄적인
구조를 취했다면 향단은 열린 개방적인 자태를 취하고 있다. 이언적
의 집은 그의 권력의 부침이 담겨 있다고 해도 과언이 아니다. 권력에
서 멀어져 있을 때는 위축된 분위기를 반영해서인지 폐쇄적인 반면
권력을 누리고 있을 때에는 향단처럼 사뭇 위압적이다.

　이와 같이 성리학자들의 집짓기에는 자신의 삶의 굴곡이나 위세
가 반영되어 있는가 하면 또한 성품과 철학이 투영되어 있다. 퇴계와
동시대에 살았던 남명南冥 조식曺植은 평생 벼슬하지 않았고 늘 칼을 차
고 다닐 정도로 호연지기가 넘치는 선비였다. 그래서인지 그가 제자
들과 함께 지낸 경남 산청의 산천재山天齋에는 그의 삶을 상징하는 그
림이 걸려 있다. 즉, 마루 위 벽에는 요임금이 권하는 왕의 자리도 마
다하고 산속에 들어가 지냈다는 허련의 고사故事가 그림으로 그려져

있다. 을사사화(1545년)로 지인들의 죽음을 지켜본 조식의 호기로움이 담겨 있는 그림이다. 또한 산천재는 그 자체가 호연지기를 품고 있다.

"산천재는 대문을 들어서면 정면으로 보이는 것은 산천재가 아닌 지리산과 천왕봉이다. 동으로 동재와 대문으로 경계를 지었지만 서로는 지리산과 천왕봉까지 품는 큰 집이 산천재이다."

함성호의 『철학으로 읽는 옛집』에는 조선 예학의 종장宗匠 김장생金長生이 지은 임리정臨履亭도 소개되어 있다. 계축옥사(1613년)에 연루되었지만 무혐의로 풀려난 이후 충남 연산에 은거할 때 79세의 김장생이 금강이 굽이쳐 흐르는 강경에 지은 집이다. 임리정은 황산벌의 드넓은 평야 지대에 우뚝 솟아 있어 그 위에 올라서면 강경읍과 멀리 황산벌 전체가 시야에 들어온다. 임리정은 『시경』에 나오는 글귀로 '여림종연 여리박영如臨淙淵 如履薄永', 즉 두려워하고 조심하기를 깊은 연못에 임하는 것같이 하며, 엷은 얼음을 밟는 것같이 하라는 뜻이다.

임리정에서 동쪽으로 바라보이는 언덕에 송시열宋時烈이 지은 팔괘정八掛亭이 있다. 퇴계나 남명 등 조선 성리학의 완성자이자 정치적으로는 남인 계열인 이들이 은거를 자처해 변두리로 숨어든 것과 대조적으로 당대의 집권 세력으로 예학 논쟁을 주도한 노론 계열인 김장생과 송시열은 열린 공간에 임리정과 팔괘정을 지었다. 지배 세력의 당당함이라고 할까? 아이러니한 것은 노론에 의한 핍박으로 벼슬에서 쫓겨나 전국을 떠돌던 남인 계열인 이중환李重煥은 이 팔괘정에서 『택리지』를 탈고했다. 이중환은 『택리지』의 「복거총론」에서 이상적

🏠 임리정은 김장생이 말년에 거처했던 집으로, 드넓은 평야 지대에 우뚝 솟아 있어
강경읍과 황산벌 전체가 한눈에 들어온다. 충남 강경에 있는 임리정.

인 주거지에 대해 다음과 같이 적는다.

"무릇 살터를 잡는 데는 첫째, 지리地理가 좋아야 하고, 다음 생리
生利(그 땅에서 생산되는 이익)가 좋아야 하며, 다음으로 인심人心이 좋아
야 하고, 다음은 산수山水가 있어야 한다. 이 네 가지에서 하나라도 모
자라면 살기 좋은 땅이 아니다. 지리는 비록 좋아도 생리가 모자라면
오래 살 수가 없고, 생리는 좋더라도 지리가 나쁘면 이 또한 오래 살
곳이 못된다. 지리와 생리가 함께 좋으나 인심이 나쁘면 반드시 후회
할 일이 있게 되고, 가까운 곳에 소풍할 만한 산수가 없으면 정서를 화
창하게 하지 못한다."

주자는 경관이 빼어난 곳은 주거지로 적당하지 않다고 했다. 그
런 곳은 생계를 이을 환경이 안 되기 때문이다. 요즘도 경치가 좋은 관
광지는 상업으로 생계를 이어가는데, 상업을 천시하는 주자학에서는
이를 경계했던 것이다. 명승지에는 별장을 짓고 가끔씩 찾아가는 곳
으로 삼아야 한다고 했다. 주자에 이어 이중환도 명승지에 집을 짓기
보다 명승지 주변에 집을 짓는다면, 산책을 하고 소풍을 가서 몸과 마
음의 피로를 풀고 기분을 전환하면서 정서를 화창하게 할 수 있다고
했다.

산수간에
집을
짓고

우리 선조들은 늘 은거를 꿈꾸었다. 지금도 전원주택을 짓는 게 꿈인 사람이 많듯이 말이다. 하지만 이를 실천하는 이들은 극소수에 불과하다. 서유구徐有榘의 『임원경제지』에 따르면, 옛 선비들은 산수간에 집을 짓고 사는 게 이상이었다. 그러나 실제로 선비들은 별장을 마련하지 못하고 죽는 경우가 대부분이었다고 한다. 선비들은 어디엔가 얽매여서 즐거움을 누릴 수 없고, 불우하게 겨우겨우 살아가며 재물이 없어 곤궁하게 지내기 때문이다. 이들 대부분은 결국 계획만 세우다 늙고 말았다는 것이다.

그중에는 별장을 마련하는 데까지 이르지는 못했어도 별장을 짓고자 하는 마음을 드러내거나 별장의 설계도를 직접 그린 이도 적지 않았다.

서유구는 76세에 광여루曠如樓를 짓기도 했다. 누각의 기문記文을 당시 최고의 문장가인 홍길주洪吉周에게 부탁했다. 여기서 3년 더 살다가 80세에 세상을 떠났다. "나는 수십 년 동안 저술에 공을 들여 『임원경제지』 100여 권을 최근에야 겨우 끝마쳤다. 그러나 책을 맡아 보관할 자식도 아내도 없으니 한스럽다." 서유구의 아내 정씨는 일찍 죽었고 편찬을 돕던 외아들 서우보徐宇輔는 1827년 33세에 요절했다. 큰집을 지었으나 함께 살 가족이 없었던 것이다.

서유구는 두 살 위인 다산 정약용과 쌍벽을 이룬 인재였고, 인생역정도 비슷했다. 정약용이 500권이 넘는 책을 집필한 것처럼, 서유구도 114권에 이르는 방대한 『임원경제지』를 저술했다. 두 사람은 실사구시를 지향했다. 서유구는 정약용의 고향인 두릉杜陵(현재 경기도 남양주시 조안면)에 살았다. 두 사람은 조선 500년의 지적 유산을 체계화해 자기 자신을 최고의 학자로 올려놓았다. 또 문과에 급제해 정조의 총애를 받았고, 두 집안은 대대로 문과 급제자와 고위 관료를 배출했다.

정조 사후에 두 사람은 큰 고비를 겪기도 했다. 정약용은 1800년에 유배당했고, 서유구는 1806년 축출당한 뒤부터 1823년 정계에 복귀하기까지 향리를 전전하며 18년간 향촌에서 생활했다. 서유구는 정약용과 달리 재기해 이조판서 등을 역임했고, 정계에서 물러난 뒤 『임원경제지』를 보완하는 작업을 했다. 그러나 정약용의 생가는 유적으로 남아 지금도 명소로 각광받고 있는 데 반해 서유구의 광여루는

⌂ 서유구와 정약용은 방대한 저술을 남겼고, 실사구시를 지향했으며, 조선의 지적 유산을 체계화했다. 또 정조가 죽은 후 정약용은 유배를 당했고, 서유구는 18년간 향촌에서 살아야 했다. 전남 강진에 있는 다산초당.

흔적조차 없이 사라졌다.

　서유구의 『임원경제지』에는 이런 에피소드가 전해진다. 옛날에
몇 사람이 상제上帝(하느님)에게 하소연해 편안히 살기를 꾀하려고 했
다. 그중 첫 번째 사람이 "저는 벼슬을 호사스럽게 하여 정승 판서의
귀한 자리를 얻고 싶습니다"라고 하니 상제가 "좋다, 그렇게 해주마"
라고 허락했다. 두 번째 사람이 "부자가 되어 수만 금의 재산을 소유
하고 싶습니다"라고 하니 상제가 "좋다, 그렇게 해주마"라고 대답했
다. 세 번째 사람은 "문장과 아름다운 시로 한 세상을 빛내고 싶습니
다"라고 하자 상제는 한참 있다가 "조금 어렵지만 그래도 그렇게 해
주마"라고 답했다.

　마지막 한 사람은 이렇게 말했다. "글은 이름 석 자 쓸 줄 알고, 재
산은 의식衣食을 갖추고 살 만합니다. 다른 소원은 없고 오로지 임원林園
에서 교양을 갖추며 달리 세상에 구하는 것 없이 한평생을 마치고 싶
을 뿐입니다." 그러자 상제는 이맛살을 찌푸리면서 이렇게 대답했다.
"이 혼탁한 세상에서 청복淸福을 누리는 것은 가당치도 않다. 너는 함부
로 그런 것을 달라고 하지 마라. 그다음 소원을 말하면 들어주겠다."

　서유구는 임원에서 우아하게 살아가는 것이 얼마나 어려운지를
말한다. 서유구가 말하자고 하는 것은 어쩌면 전원에서 집을 짓고 행
복한 삶을 꿈꾼다면 지금 당장 집을 지으라는 말이 아닐까 싶다.

　나는 서유구의 교훈을 실천해온 것 같다. 하지만 여전히 도시에
살고 있고 전원으로 돌아가지 못하고 있다. 소은小隱을 꿈꾸며 양평에

이동식 주택을 짓고 가끔씩 별장으로 이용한다. 고향 합천에도 작은 한옥을 지었다. 또 지금은 한옥을 지어 살고 있다. 처음에는 양평이나 합천에 은거할 계획이었는데, 은평한옥마을에 살기로 한 것이다. 나는 대은大隱을 하고 있는 셈인지 모르겠지만, 그래도 여전히 소은을 희구하고 있다. 잘 지어놓은 한옥에 살면서도 가끔은 양평이나 합천에 가는데, 거기에 가면 마음이 참 편안하다. 그것이 자연에서 나서 자연으로 돌아가야 하는 인간의 영원한 노스탤지어인지도 모른다는 생각마저 든다.

두보의
집은
어디인가?

두보는 시성詩聖으로 일컬어지는데, 그는 집도 없이 세상을 떠돌며 시를 지었다. 그는 진晉나라 때 학자 두예杜預의 후손이고, 측천무후 때 시인인 두심언杜審言이 그의 조부다. 두보는 "시는 우리 집안의 일이다詩是吾家事"라고 말할 정도였다. 시를 써온 집안으로 자긍심이 대단했다. 그러나 24세 때 과거시험에 낙방한 후 10여 년을 각처로 유랑했다. 그러다 40세 때 황제에게 「삼대례부三大禮賦」와 「봉서악부封西嶽賦」라는 글을 바쳤는가 하면, 권문세가에게 장문의 시를 보낸다든가 해서 아첨에 가까운 태도를 취했다. 늘 집이 없어 떠돌던 두보였지만, 아내와 자식들은 극진히 챙겼다.

오늘 밤 부주 하늘에 뜬 저 달을 今夜鄜州月

규방의 아내는 홀로 보고 있겠지 閨中只獨看

가여운 자식들은 아직은 어려 遙憐小兒女

장안 그리는 엄마의 마음 알지 못하겠지 未解憶長安

촉촉한 안개에 구름 머리 젖고 香霧雲鬢濕

맑은 달빛에 옥 팔뚝 차갑겠지 淸輝玉臂寒

언제나 달은 비추어줄까 何時倚虛幌

창가에 나란히 앉은 눈물 거둔 우리의 모습을. 雙照淚痕乾

이는 두보가 안녹산의 반군에 잡혀 장안長安에 연금되어 있을 때 쓴 「월야月夜」라는 시다. 두보가 아내를 그리워하는 모습이 아니라 아내가 달을 보면서 자신을 그리워하는 모습을 상상해 묘사한 것이다. 마지막에는 절망스러운 현실에서도 낙심하거나 삶을 포기하지 않는 두보의 강인하고 성실한 인생관이 돋보인다. 이 시를 지을 당시 처자식은 굶기를 밥 먹듯 했다. 그리고 끝내 아들 한 명이 죽었다.

두보는 소년 시절부터 시를 잘 지어 시성으로 명성을 누렸는데, 과거시험에는 합격하지 못했다. 두보는 평생 집 없이 떠돌다 세상을 떠나게 되지만, 그의 시는 지금도 사람들의 입에 오르내린다. 두보가 과거시험에 합격했다면 시인으로서는 크게 이름을 떨치지 못했을지도 모른다. 두보는 참군參軍이라는 미관말직과 간관諫官에 이어 다시 참군으로 좌천되는 불운을 겪다가 기근으로 미관말직마저 내던지고 먹을 것을 찾아 궁벽한 시골로 들어가기도 했다.

49세 때에 이종사촌 왕건王建의 도움으로 완화초당浣花草堂이라는 집을 지어 짧은 기간이나마 안정된 생활을 했다. 그가 이런 생활을 할 수 있었던 데는 절도사를 지낸 친구들 덕분이었다. 그중에서 시천西川 절도사 엄무嚴武의 후원이 컸다. 그는 무인이면서 시에 대한 이해와 너그러운 품성도 있어 그의 지원은 두보의 생활을 안정시키는 데 큰 도움이 되었다. 엄무가 중앙정부의 관직으로 전근하자 두보는 배에 동승해 멀리까지 따라가 전송하기도 했다.

53세 때 엄무의 추천으로 절도사 참모에 임명되었지만, 이듬해 정월에 사직하고 다시 완화초당에 돌아갔다. 그리고 54세 때인 765년 5월에 장안으로 가기 위해 배에 올랐다. 이어 766년 기주夔州에 도착한 두보는 이곳 절도사인 백무림柏茂琳의 비호를 받는다. 768년 다시 장안으로 돌아가기 위해 길을 나섰는데, 장안에 도착하기 전인 770년 59세로 숨을 거두었다.

두보는 죽어서도 편히 잠들지 못했다. 두보가 죽자 고향까지 시신을 옮길 비용이 없었다. 아들 두종무는 아버지의 관을 악주岳州에 임시로 매장하고, 운구 비용 마련에 나섰다. 이름 없는 가난한 선비인 두종무는 인생 후반을 죽은 아버지의 관을 집안의 묘가 있는 낙양洛陽 동쪽의 언사偃師까지 운반하는 비용을 마련하기 위해 동분서주했지만 결국 옮기지 못했다. 두종무는 아들에게 할아버지의 관을 운구하라는 유언을 남겼다. 두종무의 아들도 이름 없는 선비였는데, 가까스로 운구 비용을 마련하고 고향땅에 할아버지를 모셨다고 한다.

⬆ 두보의 고난은 그의 시에 긍정적인 역할을 했다. 그는 궁핍한 삶을 살았지만, 약하고 선량한 사람들이 겪는 고통을 이해했다. 중국 성도成都 두보초당에 있는 두보 동상.

그런 고난이 두보의 시에는 긍정적인 역할을 했다고 볼 수 있다. "두보는 천하의 아픔을 온통 자기의 아픔으로 바꾸는 효능을 낳아, 드디어는 절세의 대시인으로 자라게 했다"는 평가도 있다. 역설적으로 그의 개인적인 불운과 불행이 없었다면 대시인이 되지 못했다는 풀이도 가능할 것이다. 시인은 궁핍해야 시를 쓸 수 있다는 말도 있듯이 말이다. 두보는 집이 없어 떠돌았기에 오히려 심금을 울리는 시를 쓸 수 있었다.

두보는 가족에게 따뜻한 애정을 갖고 있었다. 또 멀리 있는 형제를 걱정하는 시를 짓기도 했다. 그는 혈연에게만 사랑을 느꼈던 것은 아니다. 약하고 선량한 모든 민중이 겪는 고통을 같이 아파하고 함께 울었다. 민중에 대한 깊은 애정과 공감이 그로 하여금 민중을 대변하는 시인이 되게 한 것이다. 집이 없어 떠돌던 두보와 달리 종남산終南山에 별장을 지은 왕유의 시에는 현실이 거세되어 있다.

중년부터 도를 좋아하여 中歲頗好道

늙어 남산에 별장을 장만했다 晚家南山陲

마음 내키면 언제나 혼자 가서 興來每獨往

그 아름다움을 독차지한다 勝事空自知

개울물 끝나는 데 이르러 行到水窮處

이는 흰 구름 대하고 앉으면 坐看雲起時

때로는 나무 하는 늙은이 만나게 되어 偶然值林叟

돌아오는 것도 잊고 이야기하고 만다. 談笑無還期

    이 시는 왕유의 「종남별업終南別業」이다. 왕유는 만년에 장안 교외 종남산 기슭에 별장을 마련했다. 불교 신자인 왕유는 30세에 상처한 후 다시 장가 들지 않았다. 줄곧 관직에 있었지만 틈만 나면 별장에 가서 자연을 즐겼다. 어느 시인과 달리 19세에 과거에 급제하고 일찍부터 벼슬길에 올랐다. 죽기까지 40여 년에 걸친 그의 관직 생활은 비교적 평온했다. 시 외에 음악에 정통하고 화가로서는 남종화南宗畵의 원조로 존경받을 정도였다.

    두보와 왕유의 삶을 견주어보면 집이 있느냐 없느냐에 따라 삶과 세계관, 나아가 시풍에도 큰 영향을 미친다는 것을 알 수 있다. 늘 따뜻한 집에서 살기를 꿈꾸었던 두보는 끝내 행복한 집에서 가족들과 함께 살지 못했다. 그렇지만 두보는 중국뿐만 아니라 우리나라 사람들에게 집과 가족의 소중함, 인간에 대한 따뜻한 연민으로 삶을 바라보게 해준다.

르코르뷔지에의
작은
집

르코르뷔지에Le Corbusier는 건축하는 사람이라면 누구나 다 아는 세계적인 인물이다. 프랭크 로이드 라이트Frank Lloyd Wright, 루트비히 미스 반데어로에Ludwig Mies van der Rohe와 함께 근대 건축의 3대 거장 중 한 사람으로, 스위스 태생의 프랑스 건축가이자 화가다. 미국 『타임』이 선정한 20세기를 빛낸 100명 가운데 건축가로는 유일하게 선정되었다. 그는 현대 건축을 대부분 개념화했다. 집은 단순히 거주하는 공간이 아니라 그 집에 사는 사람이 편리해야 한다는 신념을 실천한 건축가였다. 여행 중 수도원에서 다세대주택의 아이디어를 얻었는데, 여행이 그의 건축의 영감을 제공해준 원동력이었다고 한다.

그가 가장 아꼈던 작품은 호숫가에 통나무로 지은 작은 별장이었는데, 무려 4평에 불과했다. 이 작은 별장은 르코르뷔지에가 1952년

병상의 아내를 위해 생일 선물로 지어준 집이기도 하다. 그는 지중해 연안에 있는 이 집을 정말 사랑했고, 마지막까지 머문 곳도 바로 이 별 장이었다. 그는 이곳에서 세상을 떠났다. 세계적인 건축가인 그가 왜 볼품없는 통나무 별장을 가장 아끼고 사랑했을지 생각해보면 그만 숙연해진다. 그것은 어쩌면 인간이 머물 수 있는 집이란 4평이면 충분하다는 역설적인 교훈을 주려고 한 것은 아니었을까?

프랑스 코트다쥐르Côte d'Azur에 있는 이 별장은 지중해 연안인 카 프 마르탱Cap-Martin 해안에 있다. 이 별장에서 가장 인상적인 것은 번 쩍번쩍 빛나는 스테인리스로 된 세면기라고 한다. 르코르뷔지에는 집을 지을 때 화장실은 크게 신경을 안 써도 세면기에 유독 애착이 컸다. 이 작은 별장에도 화장실은 한 켠에 있는 데 반해 세면기는 잘 보이는 곳에 있다. 이 별장에는 또한 한 변이 70센티미터의 정방형 유리창이 있다. 이 유리창을 통해 지중해와 모나코 반도의 그림 같은 풍경을 볼 수 있다.

르코르뷔지에는 '어머니의 집'을 지었는데, 이 또한 18평으로 그가 지은 집 가운데 두 번째로 작다(첫 번째 작은 집은 앞서 말한 4평 통 나무 별장이다). 스위스 레만 호숫가에 지어진 이 '작은 집Une Petite Maison'은 원래는 르코르뷔지에가 나이 드신 부모님을 위해 지은 작품이다. 아버지는 이 집에 이사 온 지 1년 만에 세상을 떠나고 어머니가 36년간 이곳에 거주했기에 '어머니의 집'으로 불리게 되었다.

그는 이 집을 짓고 이 집이 어떻게 고안, 설계, 건설, 완공되었는

⇧ 위 르코르뷔지에는 아내를 위해 호숫가에 작은 통나무 별장을 지었다. 인간이 머물 수 있는 집이란 4평이면 충분하지 않을까?

⇧ 아래 르코르뷔지가 스위스 레만 호숫가에 지은 '어머니의 집'은 나이 드신 부모님을 위해 지은 작품이다. 그의 어머니는 이곳에서 36년 동안 거주했다.

지 그 과정을 정리한 『작은 집』이라는 책을 펴냈다. 하고많은 작품 중에 왜 이 '작은 집'을 위해 몸소 편집한 책까지 낸 이유는 이 집에 살게 될 가족에 대한 애정과 최초의 근대 건축물이라 할 수 있는 이 집이 갖는 건축적 가치 때문이라고 한다.

그는 주머니 속에 설계 도면을 넣고 다니며 오랜 시간 집을 지을 땅을 찾아다녔다. 1923년 어느 날, 마침내 작은 언덕 위에서 적합한 땅을 발견했다. 그 땅은 그가 지니고 다닌 도면 계획과 절묘하게 일치했다. "태양이 남쪽에 있을 것, 작은 언덕 앞 남쪽으로 호수가 펼쳐질 것, 호수와 그곳에 비치는 알프스 산맥이 동쪽에서 서쪽으로 군림하면서 앞에 서 있을 것." 호수는 창문에서 4미터 앞에 있었고, 도로는 문 뒤로 4미터 떨어져 있었다.

이처럼 그가 지니고 다닌 설계 도면이 그가 원하는 땅 위에 그대로 자리 잡았다. 포도밭인 그 땅이 르코르뷔지에를 위해 기다리고 있었듯이 말이다. 그리고 밀라노, 취리히, 암스테르담, 파리, 런던, 제노바, 마르세유 등을 잇는 급행열차가 다니는 역이 걸어서 20분 만에 닿을 수 있는 가까운 곳에 있었다.

그는 부모님의 집을 짓기 위한 땅을 찾아다닐 때 유럽 대도시 어디서도 쉽게 접근할 수 있는 곳을 염두에 두었다. 결국 그런 땅을 찾았고 거기에 부모님을 위한 집을 지었다. 경제력이 좋지 않았고 건축가로 이름을 크게 떨치지 못했던 시절에도 말이다. 말하자면 이 집은 효성이 깃든 집이라고 할 수 있다. 르코르뷔지에에게도 '땅임자는 따로 있다'는 말이 그대로 어울린다.

이 집은 레만 호수를 모두 다 조망하지 않는다. 다만 담장을 치고 끝부분만 호수를 향해 열어놓았다. 텔레비전 화면처럼 말이다. 호수의 전망을 가리는 담장을 설치한 것이다. 그는 "긴 안목으로 보면, 어느 방향에서나 보이는 압도적인 풍경은 눈을 피곤하게 하기 때문이다"라고 강조했다. 어쩌면 호수를 바라보는 것보다 그 일부를 통해서 호수 전체를 담아내려고 한 것이다. 우리는 망원경을 통해 하늘을 볼 때 선명하게 하늘을 보는 듯한 느낌을 받는다. 바로 담장에도 절제의 미학을 구현한 것이다.

르코르뷔지에의 마음에는 늘 이 집이 있었고, 멀리 떨어져 살았지만 기회만 되면 방문하려고 애썼다. 어머니는 이 집에서 100세까지 살았고, 이후 바이올리니스트이자 작곡가인 한 살 터울의 형 알베르 잔느레Albert Jeanneret가 스튜디오로 사용하며 1973년 사망할 때까지 살았다. 세계적인 거장이 가장 애지중지했던 집이 '작은 집'에 불과했다는 사실은 큰 집만을 지향하는 현대인들에게 욕망을 절제하라고 일침을 가하는 것 같다.

생텍쥐페리의
유년의
집

"사람들은 각자 유년 시절이라는 이 큰 영지에서 태어난 것이다. 나는 어디에 속하는 걸까? 나는 내 나라에 속해 있듯이 나의 유년 시절에서 나왔다."

앙투안 드 생텍쥐페리Antoine de Saint-Exupéry가 『인간의 대지』에서 한 말이다. 그의 말처럼 그는 늘 다시는 돌아갈 수 없는 유년 시절로 돌아가려고 했다. 그가 실종되기 전 마지막으로 비행한 곳도 유년 시절을 보낸 집 인근이었다.

전 세계 160개국에서 번역되고 『성경』 다음으로 많이 읽힌 명작은 바로 생텍쥐페리가 쓴 『어린 왕자』다. 이 책에 그 유명한 길들임의 철학이 나오는데, 『어린 왕자』는 지금까지 1억 부 이상 팔렸다고 한다. 『어린 왕자』를 독점 출판하고 있는 프랑스 갈리마르출판사는 지금도 매년 평균 35만 부를 찍어내고 있다.

생텍쥐페리는 4세 때 부친을 여의었지만, 귀족인 외할아버지와 할아버지와 친척의 저택에서 번갈아 더부살이를 하면서 유년 시절을 보내게 된다. 외할아버지는 라 몰La Môle이라는 영지領地와 저택을 소유하고 있었다. 저택 앞에는 정원이 잘 가꾸어져 있었고, 후원後園은 숲으로 우거졌다. 라일락과 거대한 보리수숲이 우거진, 신비로움을 간직한 정원은 아이들에게는 천국이었다. 어머니는 커다란 두 개의 새장에 새들을 길렀다. 생텍쥐페리는 어린 시절 이곳에서 나무 꼭대기까지 올라가 비둘기를 길들였다. 그래서 생텍쥐페리는 『어린 왕자』에서 여우를 길들이게 된 것이다.

생텍쥐페리가 웅장하고 고색창연한 성城의 안팎에서 뛰놀며 토끼, 거북, 달팽이, 여우 같은 동물들을 키우며 길들일 수 있었던 것은 자연과 동식물들 속에서 자녀를 키운 어머니 덕분이었다. 어머니는 아들의 삶과 작품에 대해 이렇게 말했다.

"어린아이는 벌레를 보면 밟지 않으려고 길을 돌아서 다녔습니다. 산비둘기를 길들인다고 전나무 꼭대기까지 오르내렸지요. 사막에서는 영양들을 길들였습니다. 그리고 무어인들을 길들였습니다. 그리고 지금도 여전히 그는 계속해서 인간을 길들이고 있습니다."

어린 왕자가 "길을 들인다는 것이 뭐야?"라고 묻자 여우가 대답한다. "서로에게 관계가 생긴다는 거지." '길들임'의 철학이라고 하는 이 대화는 인간관계의 본성을 꿰뚫고 있다. 지금도 연인 사이에 또는 인간관계에 회자되고 있는 명문장이다. 길들이기는 관계를 맺는 것으로 풀이한다. 길들여짐으로 해서 서로는 서로에게 세상에 유일한 존재가 된다는 것이다. "네가 길들인 것에 대하여 너는 영원토록 책임을 져야 하는 것이다. 너의 장미에 대해서 너는 책임이 있는 것이다."

유년 시절에 시작한 동물 길들이기는 그가 20대 후반에 조종사로 취직해 사하라 사막에서 근무할 때까지 이어진다. 그는 요새에서 영양이나 카멜레온, 사막의 작은 여우 등을 길동무로 삼고 길들이기도 했다. 집과 사막에서 길들이기의 기억으로 쓴 작품이 바로 『어린 왕자』라고 할 수 있다. 다시 말하면 생텍쥐페리에게 문학의 정신을 키워준 공간은 귀족인 선조들이 살던 저택, 즉 집이었다. 생텍쥐페리는 어린 시절을 이렇게 회상했다.

"나의 어머니, 당신은 막 꿈나라로 떠나려던 어린 천사들에게 몸을 숙이시곤 우리들의 여행이 편안하도록, 그 어느 것도 우리들의 꿈을 방해하지 않도록, 침대 시트의 구김살을 펴주고 눈앞에 어른거리던 그림자와 넘실대는 파도를 없애주셨지요. 마치 하느님의 손길이 바다를 잠재우듯이."

이 글은 생텍쥐페리가 어머니에게 보낸 편지의 일부다. 어머니가 자녀들의 침실을 정성스레 보살피고 행여 잠자리가 불편할세라 침대 시트의 구김살까지 챙기는 살뜰한 모습이 눈에 선하다. 어머니의 이런 자애로움을 보고 자란 생텍쥐페리는 마지막 비행을 어머니와 유년 시절을 보낸 생–모리스 드 레망Saint-Maurice de Remens 성城에서 얼마

⬆ 생텍쥐페리는 유년 시절을 보낸 집을 가장 강렬하게 기억하고 있었는데, 그 기억이
그의 정신세계를 지배했다. 프랑스 리옹Lyon에 있는 생텍쥐페리 생가.

떨어지지 않은 상공으로 갔다. 그리고 하늘에서 저 지상에 있는 어머니의 존재를 느끼고 다시 임무를 수행하러 갔다가 실종 사고를 당한다. 어머니는 생텍쥐페리가 실종 사고를 당하자 이렇게 말했다.

"이 세상의 어머니들이 더이상 침대 시트의 구김살을 펴주지 않고, 더이상 파도를 잠재우지 않아도 되는 때는 너무도 빨리 다가옵니다. 그래도 중학교를 다니고 고등학교를 다니는 시기에는 방학이라는 커다란 기쁨을 안겨다주기도 합니다. 군대에 들어가면서 앙투안은 내게서 더 멀리 떨어져 갔습니다."

생텍쥐페리가 어머니와 보낸 유년 시절은 강렬한 기억으로 남았던 것 같다. 유년 시절은 부모와 자녀가 얼마나 아름다운 기억을 공유하느냐에 따라 부모와 자녀 사이의 유대감이 결정된다고 한다. 생텍쥐페리는 전쟁 중 생사를 넘나드는 상황에서도 유년 시절의 기억들을 끄집어내 마음의 평화를 얻으면서 힘겨운 나날을 버텨낼 수 있었다. 생텍쥐페리는 언제나 유년 시절을 보낸 집에 대한 그리움과 집으로 돌아가고자 하는 마음을 간직하고 있었다.

길들임의 철학을 담아낸 『어린 왕자』는 생텍쥐페리가 유년 시절에 그가 살던 집에서 동물들을 기르고 길들였던 기억으로 만들어진 작품이라고 할 수 있다.

"제가 이제껏 알고 있는 것 중에서 가장 좋고 가장 평온하고 가장 정겨운 것은 바로 생-모리스 집 윗방에 있던 작은 난로입니다. 살면서 그 난로만큼 제 마음을 놓이게 했던 건 아무것도 없었습니다. 밤에 잠에서 깨어보면 난로는 마치 팽이처럼 팽글팽글 돌아가면서 벽에 훈훈한 그림자를 드리우고 있었지요."

생텍쥐페리는 어머니에게 보낸 편지에서 이렇게 적었다. 이런 아늑한 기억을 갖고 있는 아이는 집만 생각하면 행복한 기분이 들 것이다. 생텍쥐페리가 기숙학교에 다니던 10대 시절부터 실종되기 전까지 어머니에게 보낸 편지는 모두 100여 통에 이른다. 어쩌면 유년 시절 어머니와 함께 보낸 집에 대한 훈훈하고 아름다운 추억이 그로 하여금 어머니에게 편지를 쓰게 만들었을 것이다.

가스통 바슐라르는 "집은 인간에게 안정의 근거나 또는 그 환상을 주는 이미지들의 집적체"이며, 나아가 "우리의 최초의 세계다. 그것은 정녕 하나의 우주다"라고 묘사했다. 가스통 바슐라르는 인간을 포근하게 보호하는 집을 요나 콤플렉스Jonah complex로 설명한다. 그것은 우리가 어머니의 자궁에 있을 때 무의식 속에 형성된 이미지로 어떤 공간에 감싸이듯이 안온함과 평화로움을 느끼는 것을 말한다. 생텍쥐페리가 집을 그리워하고 집에 돌아가고자 했던 것처럼 말이다. 그래서 우리는 집이 인간의 성장에 얼마나 큰 영향을 미치는지 가늠할 수 있다.

몽테뉴의
서재가
있는
집

부모들이 자녀를 어떻게 키울까 하는 것은 동서고금을 막론하고 공통적인 문제다. 그런데 문제는 자녀에게 얼마만큼 부모가 강제를 하느냐다. 어떤 부모는 자녀가 하고 싶은 대로 하게 하고 또 자녀를 최고의 환경에서 키우려고 한다. 반대의 경우도 있다. 어릴 때부터 자녀에게 어느 정도 강제를 부과하고 자녀를 자신의 수준에 맞춰 특별한 아이로 키우려고 한다.

이 중에서 어느 쪽이 미래에 더 성공적인 자녀로 성장할까? 물론 이에 대한 해답이 정해져 있다면, 누구나 그 방향을 따르면 되겠지만 자녀 교육은 정답이 없다는 데 부모의 고민이 있다. 대체적으로 자녀를 자유분방하게 키우고 자녀가 해달라는 것을 모두 들어주는 방식으로 키운다면, 그 자녀는 제멋대로일 가능성이 높다는 것만은 분명한 것 같다.

　1533년 프랑스 남부 지방 보르도Bordeaux에 사는 피에르 에켐 Pierre Eyquem은 아들 하나를 얻었다. 피에르 에켐은 상업으로 부유하게 되자 커다란 성을 사들여 귀족이 되었다. 그는 많은 학자와 권위자에게 자녀 교육에 대해 문의했다. 그 결과 그는 아이에게 최소한의 강제를 부과하고 스스로 공부하고 싶어지도록 환경을 만들어주겠다고 결심했다. 그 후 그가 아이에게 한 일은 자녀를 키우는 부모에게 많은 시사점을 준다.

　피에르 에켐은 젖먹이 아이를 자신의 성 안에서 키우지 않기로 결정했다. 그는 아이를 허름한 농가에 보냈다. 그러고 나서 그 농민의 집에서 농민의 자녀와 똑같은 대우를 하고 똑같은 음식을 먹이며 키우도록 유모에게 지시했다. 아이에게 최하층민이 세례를 받을 때 사용하는 세례반洗禮盤을 받들도록 시키기도 했다. 아이가 최하층민과 애정으로 결속하도록 하기 위해서였다.

　또 당시 유럽 부유층의 언어였던 라틴어를 아이에게 어렵지 않게 가르치기 위해 훌륭한 독일인 라틴어 가정교사를 고용했다. 그리고 아이가 있는 곳에서는 누구라도 라틴어로만 말해야 한다고 명령했다. 아이는 6세가 되기 전까지 자신의 모국어인 프랑스어를 전혀 배우지 못했다. 그런데 놀라운 일이 벌어졌다. 아이의 라틴어 실력이 최고의 수준에 올랐던 것이다. 아이가 학교에 입학하자 아주 희한한 광경이 벌어졌다. 라틴어 교사들은 완벽하지 못한 자신들의 라틴어 실력을 아이가 알아챌까봐 전전긍긍하며 두려워했다.

그는 잠에서 느닷없이 깨어나게 될 때 아이의 '말랑말랑한 두뇌'가 충격을 받을 것이라고 믿고 유모에게 악기 소리로 아이의 잠을 깨우게 했다. 그야말로 세심한 아버지였다. 현대의 가장 진보된 교육도 이보다 더할 수 없을 것이다. 또한 그는 아이에게 종교의 자유도 주었다. 자신은 가톨릭이었지만 아이는 신교(기독교)를 믿게 했다. 이는 당시의 서구 세계에서는 상상할 수도 없는 일이었다. 16세기에 프랑스는 신교에 대한 종교적 박해가 극심했다.

이렇게 성장한 아이는 문필가로 이름을 날리는데, 그가 바로 오늘날 산문 문학의 전형이 된 『수상록』의 저자 미셸 에켐 드 몽테뉴 Michel Eyquem de Montaigne다. 그는 『수상록』에서 이렇게 말한다.

"젖 먹는 동안 내내, 그리고 그 뒤로도 오랫동안 농가에 살도록 하여 가장 소박하고 가장 평범한 생활 방식을 훈련시켰다. 아버지의 뜻은 내가 민중과 우리의 도움을 필요로 하는 이 계급의 사람들과 동족이 되게 만드는 것이었다. 그리고 아버지는 나에게 등을 돌리는 사람이 아니라 손을 뻗치는 사람을 보살필 의무가 있다고 생각하셨다."

몽테뉴는 법원에서 참사관으로 근무하다가 38세 때 은퇴를 결심하고 성으로 돌아온다. 그는 전망 좋은 탑의 4층에 서재를 마련하고 38번째 생일에 서재 입구에 자신의 은퇴에 관해서 라틴어로 이렇게 새겼다.

"궁정과 공직 생활에 오랜 세월 시달린 미셸 드 몽테뉴는 여전히

⌂ 몽테뉴의 서재는 탑의 4층에 있었는데, 그곳에서 그는 책을 읽고 사색을 즐기고 글을 쓰기를 더없이 좋아했다. 프랑스 도르도뉴Dordogne에 있는 몽테뉴가 만년을 보낸 성과 그 성 안에 있는 서재.

순수한 상태로 박식한 뮤즈의 품속으로 돌아왔노라. 온갖 근심을 털어버린 고요함 속에서 얼마 남지 않은 여생을 보낼 곳으로……. 그리고 그는 자유와 평정, 여가에 여생을 바치노라."

그는 4층 서재에서 해박한 라틴어로 고전을 독파하면서 인간성 탐구에 돌입한다. 그는 객관적인 인간 관찰이 아니라 자기 자신을 도마 위에 올려놓고 자아 파악에 나섰다. 그의 평생 화두는 '내가 무엇을 아는가?Que sais-je?' 였다.

1580년에 탈고한 『수상록』에는 서재를 자세하게 묘사하고 있다. 서재는 탑의 4층에 있었다. 그는 서재에서 인생의 대부분, 하루의 대부분을 보냈다. 서재의 형태는 둥글고, 서재의 창문으로 밖을 내다보면 눈앞이 넓게 트이며, 풍부한 경치를 보여준다고 묘사한다. 다만 언덕 위에 우뚝 올라앉아 외풍이 세서 겨울에는 서재에서 머물기가 힘들었다고 한다. 몽테뉴가 서재로 이용한 성은 민가와는 떨어져 있었다.

서재에는 조붓한 방이 하나 딸려 있는데, 겨울에는 불을 피울 수 있고 창문도 묘하게 뚫려 있다면서 그 방에 대해 찬사를 아끼지 않는다. 누구에게나 숨구멍이 되는 그런 '나만의 방'이 필요한 법이다. 혼자 있고 싶을 때 그 누구의 방해도 받지 않고 문을 걸어 잠그고 있을 수 있는 '나만의 방' 말이다. 이전에는 다락방이 그런 구실을 하기도 했다. 몽테뉴는 서재에서 혼자 책을 읽거나 사색을 즐기고 글을 쓰기에는 더없이 좋았다고 예찬한다.

"외따로 떨어져 있어서 찾아오기도 힘들어서 사람들의 소란도 물리쳐주고 글을 읽기에도 효과적이기 때문에 더욱이 내 마음에 든다. 여기가 내 자리다. 이곳의 지배권도 순수하게 내가 차지하련다. 그리고 이 구석만은 사회생활이나 결혼 생활, 권속의 번뇌와 시민 생활에서 빠져나와서 혼자 차지하고 싶다."

몽테뉴는 서재가 외따로 있어 사색과 고독과 몽상을 즐기기에 좋다고 예찬한다. 그는 "은퇴한 후의 생활에는 어디나 산책할 곳이 필요하다. 앉아 있으면 생각들이 잠든다. 다리가 흔들어주지 않으면 정신이 움직이지 않는다"라는 명언을 남긴다.

몽테뉴는 "큰 재산은 큰 노예 생활이다"라고 말한 세네카Seneca의 금언을 인용한다. "자기 집에 있으면서도 자기대로 있을 곳도, 자기만의 궁전을 차릴 곳도, 몸을 감출 곳도 없는 자들은 내가 생각해도 가련한 신세들이다." 많은 재산을 가진 이들은 물러나 들어앉을 편안한 자리가 없다는 것이다. 재산이 많으면 그만큼 신경 쓸 일이 많고 자녀와의 관계에서도 분란이 끊이지 않기 때문이다. 그 재산 때문에 끙끙대며 인생을 살아가야 하기 때문이 아닐까?

자신이 재산이 많아 고민이라면 몽테뉴처럼 양서들로 가득 채운 서재를 마련하고 거기에서 책을 읽으며 여생을 보낸다면 어떨까? 서재가 삶의 모순적인 일들에 대처해나갈 수 있는 비법을 제공할 수 있을지 모를 일이다. 나는 서재가 있는 집에서 제대로 된 인재가 나온다는 옛말을 믿는다.

데카르트의
철학을
잉태한
집

1,000년이나 이어진 중세라는 암흑기를 빠져나온 15세기부터 사회체제뿐만 아니라 사람들의 정신도 혼란에 빠져들었다. 이때 다시 길을 비춰주는 빛이 등장한다. 그 빛 중의 하나가 이른바 '은총의 빛'에서 '자연의 빛'으로 이끈 르네 데카르트René Descartes의 등장이다. 데카르트가 1637년 세상에 내놓은 『방법서설』은 중세를 지배해온 신 중심의 인식 체계를 인간 중심의 인식 체계로 바꾸었다. 그것은 또 한 번의 코페르니쿠스적 사건이었다.

당시에는 스콜라 철학에 의해 세계를 이해했는데, 이것을 뒤흔든 것이다. 즉, 계시적 이성에 의해서가 아니라 자연 이성에 의해 올바른 질서의 방법으로 사물을 파악하는 것이다. 데카르트는 합리적 방식으로 자연의 현상 전체를 필연적인 인과의 연쇄로 파악할 수 있다고 생각했다. 이 같은 사고방식에서 기계론적 세계관이 성립되었다.

　　1525년에 이미 니콜라우스 코페르니쿠스Nicolaus Copernicus가 지동설을 제기하면서 지구가 우주의 중심이라는 인식을 근본적으로 뒤흔들었다. 이번에는 데카르트가 또 한 번 합리적 인식을 주창하며 인간 중심주의를 외쳤다. 그래서 독일 역사가이자 철학자인 오스발트 슈펭글러Oswald Spengler는 "근세 철학의 창시자요 아버지는 데카르트다"라고 말했다.

　　『데카르트와 현대 정신Descartes and the Modern Mind』을 집필한 미국 철학자인 앨버트 볼츠Albert G. Balz가 말한 바와 같이 『방법서설』은 "서양의 정신이 중세주의로부터 현대로 옮아가는 것을 이룩하려 한 노력의 이야기"라는 평가를 받고 있다. 데카르트가 이 책에서 기도하는 것은 하나의 보편적 학문이다. 이 학문은 바야흐로 중세의 암흑기를 헤치고 '이성의 빛'으로 모든 사물과 현상을 이해하려는 것이었다. 데카르트가 『방법서설』 제3부에서 비유한 '길 잃은 나그네'는 젊은 시절의 데카르트만이 아니었다. 바로 그 시대의 정신적 방황이 '길 읽은 나그네'의 그것이었다.

　　데카르트는 『방법서설』 제1부에서 "교사의 감시로부터 해방되자마자 '자신의 내부에서' 혹은 '세상이라는 크나큰 책' 속에서 찾아낼 수 있는 것 외에는 어떠한 학문도 구하지 않겠다"라고 결심한다. 그것이 바로 여행이었다.

　　"나는 여행을 하면서 궁전과 군대를 보고 갖가지 신분과 기질이

다른 사람들과 사귀고, 온갖 경험을 쌓고 운명이 제공한 기회에 자신을 시험하며, 도처에서 눈앞에 나타나는 사물들에서 무엇인가 이익을 이끌어낼 그런 반성을 하기 위해 나의 남은 청춘을 쓰려고 했다."

데카르트는 프랑스를 떠나 네덜란드로 가서 군대에 지원해 15개월 동안 장교로 근무했다. 1618년 30년 전쟁이 발발하자 그는 독일로 갔다. 바이에른 공작 막시밀리안 1세Maximilian I의 군대에 들어간 그는 1619년 11월 10일 휴가를 얻어 다뉴브강 기슭 작은 마을에서 하루를 지낸다. 그는 "거기에는 정신을 흐트러뜨릴 만한 대화의 상대도 없었고 더욱 다행스럽게 마음을 괴롭히는 걱정이나 정념도 없었기 때문에" 온종일 난로가 있는 방 안에 혼자 틀어박혀 조용히 사색에 잠겼다.

이 난로방이 바로 데카르트의 철학이 잉태된 곳이다. 그는 시골의 작은 난로방에서 '계시의 날'을 경험했다면서 앞으로 자기 혼자의 힘으로 새로운 기초 위에 학문을 세우려고 결심한다. 이날 밤 그는 세 가지 꿈을 꾸고 나서 신이 자신에게 진리의 성령을 보낸 것이라고 생각했다. 그는 자신이 철학 전체를 홀로 새롭게 하는 소명을 부여받았다고 믿었다. 그리고 이것을 일생 중 가장 중요한 사건으로 여겼다. 그는 감격에 넘쳐 이탈리아 중부 지방인 로레토Loreto의 성모수녀원을 순례하고 서언誓言하기로 마음을 먹는다. 즉, 난로방에서 성령 체험을 한 후 과학자가 아닌 철학자의 길을 가겠다고 결심한 것이다.

그는 평생을 진리 탐구에 바치려고 마음을 먹었다. 세계라고 하는 큰 책 속에서 자기 자신의 이성을 활동시켜 관찰과 경험에서 진리

⌂ 데카르트는 작은 난로방에서 '계시의 날'을 경험하고 나서 자신이 새로운 기초 위에 학문을 세우려고 결심한다. 프랑스 투랜Touraine에 있는 데카르트 생가.

를 찾아내기 위해 여행을 떠난 것이다. 그의 방랑은 목적 없는 막연한 것이 아니라 편견을 버리고 견식見識을 넓히기 위한 진리 탐구의 여행이었음을 알 수 있다. 이러한 데카르트의 방랑을 가리켜 '방법적 방랑'이라 부르기도 한다.

　"양식bon sens은 이 세상에서 가장 공평하게 배분되어 있는 것이다. 옳게 판단하고 진실과 허위를 구별하는 능력, 우리는 이것을 바로 양식 또는 이성이라고 부른다. 이것은 태어나면서부터 모든 사람에게 평등하게 갖춰져 있는 것이다."

　『방법서설』은 이 유명한 말로 시작하는데, 종종 사상계의 인권선언으로 불린다. 이 이성 능력의 평등이라는 사고방식을 사회적 시각으로 보면 장 자크 루소의 평등사상이 된다. 그러나 데카르트는 이성의 평등에만 머무르지 않고, 그것을 잘 사용할 것을 주문했다. "좋은 정신을 지니는 것만으로는 충분치 않으며, 그것을 잘 사용하는 것이 더 중요하기 때문이다."

　『방법서설』 제2부 서두에는 자신이 난로방에서 한 사색이 차분하게 기록되어 있다. 제일 먼저 "다양한 장인이 만든 여러 개의 제작물로 구성된 작품에서는 오직 한 사람이 만들어낸 작품이 보여주는 것만큼의 완전성을 찾아볼 수 없다"라는 말이 나온다. 학문 또한 이와 다르지 않다. 그 근거가 아무것도 논증할 수 없는 학문인 스콜라 철학은 수많은 사람이 저마다 조금씩 짜맞춘 이론을 널리 보급한 것이다. 따라서 단 한 사람이 올바른 방법에 따라 이끌어낸 인식의 체계만이 진정한 학문이라고 할 수 있다는 것이다.

　　그가 찾고 있던 것은 세계의 질서, 즉 우주의 비밀에 대한 해답이었다. 이를 위해 그는 세계가 합리적인 질서를 갖춘 모습을 '이성의 방법'에 따라 조금씩 밝은 곳에 드러나게 하려고 했다.

　　1620년 3월 난로방을 떠나 헝가리를 두루 편력하고 1621년 독일, 폴란드, 북부 독일을 두루 돌아다녔다. 이어 프랑스 파리, 이탈리아, 프랑스로 다시 돌아왔고 1628년 네덜란드로 이주해 은거 생활을 시작했다. 그는 여행에 관해 다음과 같이 술회했다.

　　"그 후 만 9년 동안 세상에서 연출되는 모든 희극에 있어서 배우가 되느니보다는 오히려 구경꾼이 되려고 힘쓰면서 여기저기 떠돌아다니기만 했다." 이 말로 미루어보면 그의 여행이 진리를 탐구하고 자신의 모든 잘못된 생각을 고치는 기회로 삼으려 한 결의의 일단이었음을 알 수 있다.

　　데카르트는 9년의 방랑과 8년의 은거 끝에 『방법서설』을 내놓았다. 데카르트는 정주의 삶이 아니라 유목의 삶의 전형을 보여주었다. 그 유목의 삶에 위대한 철학이 잉태되었던 셈이다. 달리 말하자면, 세상을 변혁시키는 진리는 '집'에서 잉태되었지만, 집 밖의 여행을 통해 성장하면서 위대한 진리의 체계를 갖출 수 있었던 것이다.

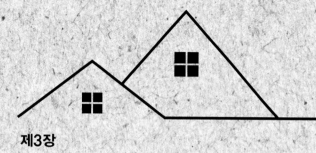

제3장

나의
집
순례기

나는
33번을
이사했다

이제까지 내가 살아온 집들을 셈해보니 무려 32번이나 되었다. 경남 합천군 봉산면 남은동의 고향집을 떠난 이후 고등학생 시절을 보낸 경남 진주 옥봉남동과 상대동의 자취방, 대학생 시절을 보낸 서울 개화동과 등촌동과 창천동과 연희동의 자취방, 창천동과 대신동의 하숙집, 대학 졸업 이후 대신동의 월세방, 신혼 생활을 시작한 경기도 고양시 화정동의 아파트, 생애 첫 번째 내 집인 경기도 고양시 일산의 빌라, 두 번째 내 집인 서울 강서구 가양동의 아파트, 경기도 고양시 일산의 아파트를 거쳐 서울 홍은동과 은평구의 아파트, 은평한옥마을에 집을 짓고 채효당에 깃들기까지 40년이라는 세월이 흘렀다. 그렇게 2017년 7월 입주한 채효당은 고향집을 떠난 이후 내가 33번째 맞은 집이다.

나는 한옥으로 집을 옮기고서도 한동안 무의식적 자기 검열에 깜짝 놀라기도 했다. 신문기자 시절에 기사를 쓰면 신문에 보도될지 아니면 보도되지 않을지 걱정했다. 이것이 말하자면 언론의 게이트키핑gatekeeping이다. 이른바 기자 스스로 신문사의 방침이나 사회 분위기, 데스크와의 갈등 등을 생각하며 기사를 쓸지 말지를 고민하는 것이다.

그런데 이러한 자기 검열은 아파트에 살면서 내면화된 모양이다. '아이가 뛰면 아래층에 들릴 텐데…….' 나는 아침마다 국민체조를 하는데 발을 들어 뛰는 동작을 할 때마다 나 자신도 모르게 살며시 발을 내려놓는다. 한옥으로 이사를 오면서 이런 자기 검열을 하지 않아도 되는데, 층간 소음에 대한 무의식적인 억압이 내면에 깊이 각인되어 있었던 것이다.

'이제는 단독주택이니 층간 소음 걱정은 안 해도 되는데' 하면서 지금은 마음의 긴장을 푼다. 나는 아파트에서 20년 동안 살았다. 단독주택에서는 채 2년도 안 되게 살았다. 그동안 나의 몸과 마음은 아파트에 최적화된 의식 상태를 유지해왔다. 공동 주거 단지인 아파트는 우리 삶의 모든 부분을 통제하고 있었고, 그 안에서 살아가고 있는 사람들을 묵묵히 지켜보았던 것이다.

"집은 연애가 시작될 때 관여했으며, 숙제하는 것을 지켜보았으며, 포대기에 푹 싸인 아기가 병원에서 막 도착하는 것을 지켜보았으며, 한밤중에 부엌에서 소곤거리며 나누는 이야기에 깜짝 놀라기도 했다."

이는 알랭 드 보통의 『행복의 건축』에 나오는 말이다. 나는 이 책을 읽다가 이 대목에서 저자의 혜안에 탄성을 질렀다. 우리는 대개 생명체인 인간이 집에 대해 갖고 있는 이런저런 생각을 말한다. 그런데 저자는 이와 반대로 관점을 달리해서 무생물체인 집을 생물체로 간주해 집에 깃들어 사는 인간에 대해 인간의 모든 희로애락을 포용하듯이 이야기하고 있다.

저자의 말처럼 집은 한 인간의 성장사와 함께한다. 그런데 우리나라에서는 아파트 주거 문화가 대세를 이루고 있다. 또 한 아파트에서 오래 거주하기보다 전세 기간(보통 2년)만 살다 다른 아파트로 옮기기 일쑤다. 말하자면 우리 시대의 주거 문화는 한곳에 오랫동안 거주하는 정주의 문화가 아니다. 초원의 목동처럼 이리저리 옮겨다니는 유목 문화여서 한 사람의 성장사는 여러 집에서 살았던 흔적을 조각조각 모자이크하듯이 구성할 수밖에 없다. 나는 수십 번에 걸쳐 이 방에서 저 방으로, 이 자취방에서 저 자취방으로, 이 아파트에서 저 아파트로 옮겨다니며 살아왔다.

승효상은 내가 강조하는 주거 문화에 대한 메시지를 아주 설득력 있게 제시하고 있다. 그는 "유목이 아니라 정주하는 이들에게 주거는 자신의 정체성을 확인할 수 있는 유효한 수단이며, 그래서 하이데거는 정주는 존재 자체라고 했다. 우리에게도 수천 년을 지탱한 고유하고도 아름다운 정주의 풍경이 있었다"라고 강조한다.

"마당을 품은 기와집들과 자연을 닮은 초가들이 섞여 평화"롭게 공존하던 마을이 바로 그것이다. 승효상은 이것이 1960년대 말부터 짝퉁 서양집과 아파트가 건축되면서 일거에 무너졌다고 강조한다. "정치권력과 결탁한 건설자본은 엄청난 특혜 속에 아파트를 찍어댔고, 결국 투기판이 된 도시는 부동산 공동체"가 되었다. 지금 우리나라는 아파트 공화국이라는 비난을 듣는다며 개탄한다.

승효상은 아파트로도 공공의 가치를 높이는 주거 단지를 만든 적이 있었다고 소개한다. 자신이 자녀들과 한때 살았던 서울 둔촌주공아파트인데, "6,000가구에 가까운 이 주거 단지 역시 단지가 가지는 한계는 어쩔 수 없다 해도, 요즘의 천민적이고 상업적이며 이기적이고 반공동체적 아파트와는 사뭇 달랐다"라고 말한다. "검박한 주거 형태에 크고 작은 평수가 같이 어울렸고, 시장과 학교 등의 공공시설 외에도 주민들이 마음과 정을 나누는 공원과 공터가 즐비했다. 한쪽 주변은 자연이어서 야생의 풍경도 들어와 풍요를 더했다"라고 소개한다. "나는 90년에 여기서 처음으로 내 집을 구했고, 막내가 태어났으며 아들딸들의 어린 시절이 여물며 우리 가족 공동체의 정체성이 형성됐다."

그런데 이곳도 40년을 지속하지 못하고 재개발이 될 예정이라며 개탄한다(둔촌주공아파트 재건축은 2019년 4월 착공 예정이다). 승효상은 "역사적 기억 없이는 어떤 아름다움도 없다"면서 "더구나, 행복이 아니라 부동산을 좇아 유목하는 우리는 정주하지 못하는 까닭에 존재

⬆ 우리나라는 1960년대 말부터 대규모 아파트 단지가 들어서면서 부동산 시장이 투기판이 되어버렸다. 2019년 4월 재건축이 예정된 서울 둔촌주공아파트 단지.

하지 못하니 우리의 부박한 삶은 자업이며 자득인 게다"라며 글을 맺고 있다.

　내가 고등학교에 진학하면서 집을 떠난 이후 지금까지 살았던 동네는 수없이 많다. 옥봉남동, 상대동, 안방학동, 개화동, 창천동, 연희동, 화정동, 일산동, 가양동, 홍은동, 진관동……. 승효상이 말한 것처럼 방에서 방으로, 아파트에서 아파트로 유목하는 삶을 살아온 것이다. 나는 유목하는 동안 존재뿐만 아니라 기억마저 과거의 시간 속으로 흩날려버린 것 같아 안타깝기만 하다. 불행하게도 고향집마저 1987년 합천호로 수몰되고 말았다. 다행히 고향집이 수몰된 지 꼭 30년 만에 은평한옥마을에 집을 지어 정주의 꿈을 꾸기 시작했다.

기억 속의
영원한
고향집

　나는 고향집을 떠올리면 애잔해지고 가슴이 먹먹해진다. 이제는 고향집이 존재하지 않기 때문이다. 고향에 가면 호숫가 그 어디쯤에 있을 것으로 상상하며 고향집을 떠올려보기도 한다.
　"우리들이야말로 진정한 고향을 가졌던 마지막 세대였지만, 미처 우리가 늙어 죽기도 전에 그 고향은 사라져버린 것이었다." 이문열의 중편소설 『그대 다시는 고향에 가지 못하리』에 나오는 말이다. 또 이문열은 단편소설 「다시 사라진 것들을 위하여」에서 사라진 것들로 화전, 채미, 서리, 천렵川獵 등을 꼽는다. 이 중에서 서리나 천렵은 어린 시절의 경험으로 남아 있다. 특히 천렵은 아버지와 형들과 함께 횃불을 들고 밤에 물고기를 잡으러 강가에 갔기에 생생한 기억으로 남아 있다.
　이문열의 소설에서처럼 수천 년을 이어오던 문화는 갑자기 단절되었고 사라져갔다. "혹은 취직을 해서 혹은 결혼으로 한 번 그들이 사라져버리자 뒤를 이을 세대는 없었다." 이 소설에서처럼 정말로 감쪽같이 사라져갔다. 아버지도 사라져갔고 집도 사라져갔고 문화도 사라져갔다. 사람들도 사라져갔다.

　내 고향집은 합천 황강 지천支川이 있던 옥계초등학교 바로 옆이었다. 어머니는 갓난아기인 나를 업고 빨래를 하러 갔다가 그만 내가 강물에 둥둥 떠내려가는 바람에 혼비백산한 적이 있다고 들려주었다. 햇볕이 따스하던 어느 봄날 나는 어머니를 휠체어에 태워 요양병원 밖으로 바람을 쐬러 나갔다. 그때 어머니는 가슴에 묻어두었던 이야기를 들려주었다. 어머니는 몹시 놀라 넋을 잃은 채 강물로 뛰어들어 나를 안고 집으로 달려가서는 큰방(시골집이 대부분 그랬지만 안방의 기능보다 온 가족이 함께 식사하고 생활하고 잠을 자는 방을 '큰방'이라고 했다. 그 옆방은 작은방이라고 불렀다)에서 꼭 품에 안고 재웠다. 나는 새록새록 어머니 품에서 잠을 잤고 경기는 금세 사라졌다. 어머니는 그제야 빨랫감을 놓고 온 것이 생각났다고 한다.

　이제는 사라진 풍경이지만, 내가 고등학교를 다니기 위해 진주로 유학 올 때까지 농사일을 도와야 했다. 고등학교를 다닐 때에도 농번기에는 주말마다 고향집에 가서 농사일을 거들고 일요일 오후에 다시 진주로 돌아왔다. 아버지와 형들과 함께했던 여름철 보리타작이나 가을걷이는 아직도 진한 그리움으로 남아 있다. 보리타작은 논바닥에서 타작마당을 만들어 할 때도 있고, 집까지 옮겨와 마당에 겉보리단을 쌓아놓고 도리깨질을 하기도 했다. 이때 아버지가 먼저 도리깨질을 하면 어머니와 우리 형제들이 이어서 장단을 맞춰 도리깨질을 했다. 1970~1980년대까지도 이어지던 이런 풍경을 이제는 이 땅에서 볼 수 없다. 그사이에 도리깨도 사라졌고 타작마당도 사라졌고 고유한 우리의 농경문화도 사라졌다.

고향집은 아버지가 결혼하기 전에 옥계초등학교 바로 옆에 ㄷ자 기와집으로 지었다. 친척들의 증언에 따르면 아버지는 결혼 전에 살던 남은동 집이 비좁아지자, 옥계초등학교 바로 옆에 집을 짓고 이사를 왔다. 그때가 아버지가 23세 때인 1956년쯤으로 짐작된다. 육촌형이 초등학교 1학년(1958년) 때 우리 뒷집에 집을 지어 이사를 왔는데, 그보다 2~3년 먼저 지었다고 했다. 그해에 누나가 태어났는데, 미루어 보면 아버지는 결혼 전에 집을 지은 것이다. 대지가 200여 평에 좌우로 남새밭이 200여 평으로 얼추 500평에 달할 것이다. 바로 그 집은 합천댐이 담수를 시작하면서 영원히 물속에 잠겼고, 이따금씩 수위가 낮아지면 집터가 다시 수면 위로 드러나기도 한다.

고향집은 남향으로 안채가 있고 대청에 큰방과 작은방이 있었다. 오른쪽에는 잠실蠶室, 왼쪽에는 사랑채 겸 축사, 잠실 앞쪽에 작은 가게가 있었다. 그 옆에는 두지(곡식 창고의 경상도 사투리)가 있었고, 집 양옆에는 남새밭이 있었다. 안채 뒤쪽과 집 앞쪽, 남새밭에는 감나무가 일곱 그루 정도 있었다. 마당에 배나무도 두 그루 있었다. 마당 앞에는 탱자나무가 울타리를 치고 있었는데, 가을마다 탱자가 주렁주

⬆ 아버지는 결혼 전에 옥계초등학교 바로 옆에 기와집을 지었다. 안채와 사랑채, 잠실 등 4채로 구성되어 있고 좌우로 남새밭이 있었다. 그러나 1987년 합천댐이 건설되면서 수몰되었다.

렁 열렸다. 남새밭에는 구기자나무가 울타리 삼아 심어져 있었고, 초피나무와 감나무도 있었다. 작은 가게는 초등학교 학생들에게 과자 등을 판매했다.

옛날에는 마을 사람들이 품앗이로 집을 지어주었다고 한다. 목재를 구입하고 일손을 조달하는 것이 결코 쉬운 일은 아니었을 것이다. 20대 초반 나이에 집을 지은 아버지의 노고가 온몸으로 느껴진다. 아버지는 이 집에서 결혼을 하고 4남1녀를 낳았다. 할아버지와 할머니는 아버지가 인근 숲실마을에 집을 구해주어 이사를 갔다. 그 집은 아버지가 돈을 빌려주었는데, 돈 대신 그 집을 받았다고 한다. 나는 어릴 적 할아버지 댁에 음식이 든 냄비를 들고 심부름을 가서 자고 온 기억이 있다. 그때 할아버지 댁으로 가기 위해서는 개울을 건너 논길을 지나 신작로를 걷고 다시 동네 마을길로 접어드는데, 어둑어둑한 저녁 녘에 큰 느티나무가 있는 곳에 이르면 무섬증이 생기기도 했다.

러시아 모스크바에 살고 있는 동생도 아버지의 집짓기를 닮았는지 결혼하기 전에 모스크바 인근에 큰 집을 지었다. 러시아에 유학을 가서 고생을 많이 하는 바람에 "집을 짓기 전에는 결코 결혼을 하지 않을 작정이었다"라고 동생이 토로한 적이 있었다. 집짓기도 부전자전인가 보다. 그리고 마당과 집 주변에 각종 유실수를 심어 제철 과일이나 열매를 수확해 가족들이 먹게 했던 아버지의 마음을 생각하면 코끝이 찡해온다.

북촌HRC 김장권 대표가 "집을 잘 지으려면 아버지가 가족을 생

각하는 마음으로 지어야 합니다"라고 한 말이 떠오른다. 나도 채효당
을 지을 때 우리 가족이 편안한 집이 될 수 있도록 마음을 다했다. 마
당에 대추나무를 심은 것도 아내와 아들, 후손들이 다복하게 살기를
바라서였다. 또 운용매화를 심은 것도 힘차게 한 단계씩 발돋움하는
나무의 형상을 보고 용기를 잃지 않고 살아가기를 바라서였다. 집은
부모의 마음, 아버지의 속 깊은 마음이 담겨 있는 공간이다.

　　초등학교 옆에 살아서인지 우리 형제들은 모두 7세 때 초등학교
에 입학했다. 초등학교 옆에서 구멍가게를 해서 우리 집은 교사들의
단골 사랑방이었다. 시골에서 문화생활을 할 수 있는 게 없는지라 교
사들은 방과 후에 우리 집에 와서 소주를 마시며 삶의 팍팍함을 달래
기도 했다. 또 동네 사람들이 논밭에 오고갈 때 잠시 들러 막걸리로
목을 축이고 가기도 하고 평상에 앉아 쉬어가는 곳이기도 했다. 술을
좋아했던 아버지는 동네 사람들에게 막걸리 한잔하고 가라고 입버릇
처럼 말했다.

　　나는 초등학교 2학년 때인가 홍역에 걸렸다. 며칠 학교를 결석
했다. 그때 어머니는 쌀죽을 해주었다. 쌀죽 위에 김치를 얹어 먹었
다. 그리고 훌훌 털고 일어났다. 감기에 걸렸을 때도 곧잘 쌀죽이나
밥죽을 해주었다. 어머니가 해주던 시래깃국은 지금은 그 어디에서도
먹을 수 없다. 시래깃국에 김치만 있으면 밥 한 그릇은 뚝딱 해치웠고
그 어떤 음식보다 맛있게 먹을 수 있었다. 또한 동짓날이면 어김없이
새알(새알심의 경상도 사투리)을 넣은 팥죽을 쑤어 주었다. 또 호박죽도

해주었다. 냉장고가 없던 시절에 겨울날 자연적으로 차갑게 된 호박죽이나 팥죽을 먹으면 그 또한 꿀맛이었다.

겨울철에는 국시기(국밥의 경상도 사투리)를 먹었다. 국시기에 고구마를 넣으면 달착지근해졌다. 라면도 먹었는데, 라면에도 고구마를 넣어 먹었다. 아버지는 새벽처럼 일어나 일터로 나갈 때 꼭 큰방에서 라면을 드시고 출근했다. 그 라면에는 풋고추를 곁들였는데, 나는 아버지의 그 모습을 지금도 잊지 못한다. 내가 라면을 끓일 적에 고추를 즐겨 넣은 것도 그때의 기억 때문이다. 아버지는 고향집을 짓고 그곳에서 자식 농사를 위해 일만 하다가 억수같이 비가 내리던 한여름에 대청마루에서 돌아가셨다. 그때 아버지는 47세였고, 나는 17세였다.

1970년대 당시 농촌에 사는 대부분의 아버지들은 자식들이 고등학교나 대학교에 진학하기보다 중학교를 마치면 공장에 취직하기를 바랐다. 그런데 아버지는 달랐다. 아버지는 못 배운 게 한이 된다며 가난한 살림살이에 등록금을 빌려서 아들 네 명을 상급학교에 진학시켰다. 누나는 남동생들을 뒷바라지하느라 중학교에도 진학하지 못했다. 아버지의 단호한 결정 때문이었다. 조남주의 소설 『82년생 김지영』에서 공장에 다니며 남동생들을 뒷바라지한 김지영의 친정어머니 오미숙처럼 말이다.

오미숙은 처음에 교대에 입시원서를 쓰지 않으려는 딸에게 "나도 선생님이 되고 싶었는데"라며 넋두리한다. "진짜야. 초등학교 때는 오남매 중에서 엄마가 제일 공부 잘했다. 큰외삼촌보다 더 잘했

⬆ 아버지는 아들 네 명을 상급학교에 진학시켰지만, 누나는 남동생들을 뒷바라지하느라 중학교에도 진학하지 못했다. 1999년 여름, 어머니 회갑 때 우리 5남매가 찍은 사진이 유일한 가족사진이다. 물론 이 가족사진에 아버지는 없다.

어." 우리 집의 내력과 닮았다. 우리 집도 5남매였고 초등학교 때 누나가 공부를 제일 잘했다.

그런데 왜 선생님 안 했느냐고 타박하는 딸에게 오미숙은 이렇게 말한다. "돈 벌어서 오빠들 학교 보내야 했으니까. 다 그랬어. 그때 여자들은 다 그러고 살았어." 아버지의 남아 선호 사상에 누나가 희생되어야 했다. 큰형에 이어 세 남동생의 뒷바라지는 누나의 몫이었다.

지난여름 어머니의 생신 때 누나와 형제들이 모였다. 그때 누나가 어린 시절 이야기를 꺼냈다. 누나는 공장 생활이 싫어서 집에 와 아버지에게 공장에 다니지 않겠다고 말했는데, 그때 아버지가 몽둥이를 들고 노발대발하는 바람에 그 길로 쫓겨나 진주로 되돌아갔다고 했다. 그 이야기를 듣다가 내 눈에는 촉촉이 눈물이 맺혔다.

아버지는 고향집에서 멀지 않은 선산에 잠들어 있다. 비석을 세우려 했지만, 후손들에게 좋지 않다고 해서 비석도 없다. 쓸쓸하게 누워 계신다. 아버지는 꿈에 나타나 내게 돈다발을 주고 가셨다. 몇 년 후에 또 나타나서서 돈다발을 주고 가셨다. 아버지는 죽어서도 자식 걱정을 하고 있는 듯했다.

어머니는 더운 여름날이면 정지(부엌의 경상도 사투리)에서 불을 피울 수 없어 정지 앞에 솥을 하나 걸어 그곳에서 수제비와 칼국수를 끓였다. 호박잎이 들어간 걸쭉한 수제비나 칼국수는 지금은 그 어디에서도 먹어보지 못했다. 고향집을 떠올리면 생각이 봇물 터지듯 꼬리를 물며 떠오른다.

3남매가
살았던
자취방의
기억들

　　나는 고등학교에 진학하면서 고향집을 떠나 진주로 갔다. 옥봉 남동의 단칸방에 누나와 형과 함께 살았다. 고향집을 떠난 이후 첫 번째 머문 집이다. 누나는 공장에서 야간과 주간을 번갈아 근무하면서 두 남동생의 뒷바라지를 했다. 지금도 생생히 기억하는 장면이 있다. 고향집에서 종종 쌀 한 자루를 싣고 왔는데, 그것이 참 고역이었다. 고향집에서 버스를 한 번 갈아타고 진주에 도착하면 또 한 번 쌀자루와 씨름을 해야 했다.

　　당시 택시는 무거운 쌀자루를 싣지 않으려고 했다. 그럴 때면 시내버스를 타야 했는데, 무거운 쌀자루를 싣는 게 여간 힘든 게 아니었다. 고향집에서 자취방에 오기까지 버스를 세 번 타고 내려야 했다. 이 모든 게 아련한 추억이다. 알렉산드르 푸시킨Aleksandr Pushkin의 시처럼 말이다. "모든 것은 한순간에 지나가는 것, 지나간 것은 또다시 그리워지는 것을."

그해 가을에 고등학교 근처로 방을 옮겼다. 고향집을 떠난 이후 두 번째 머문 집이다. 추운 날씨여서 연탄불을 피우고 잠을 잤는데, 그만 연탄가스가 새어 우리 3남매가 모두 혼쭐이 났다. 누나가 다시 자취방을 수소문해서 이사를 했다. 고등학교에서 10분 정도 거리인 상대동이라는 동네였다. 그 집은 특히 안주인의 마음씨가 좋았다. 그 집에는 하숙생도 있었는데, 그때 만난 친구를 지금까지 만나고 있다.

그 자취방에 살 때 톨스토이Tolstoy의 『부활』을 거의 3개월 넘게 읽었다. 고교 시절에 읽은 고전들은 손꼽을 정도인데, 지금까지도 『부활』의 내용을 정확하게 기억하는 것을 보면 10대 시절에 고전을 많이 읽어야 한다는 말이 이해가 간다. 옆집에 사는 여고생에게 『라스트 콘서트』라는 책을 빌려준 적도 있었다. 불치병으로 시한부 생명을 선고받은 17세 소녀와 중년 피아니스트의 사랑을 그린 소니아 몰테니Sonia Molteni의 소설이다. 1976년에 이탈리아 루이지 코치Luigi Cozzi 감독이 영화로도 만들었는데, 당시 10대들에게 인기 있는 소설이었다.

다시 자취방을 옮겼다. 고향집을 떠난 이후 세 번째 머문 집이다. 이번에는 할머니가 주인인 집이었다. 그때가 2학년이었는데, 여름방학 때 아버지가 갑자기 돌아가셨다. 개학을 하자 친구들이 조의금을 거두어 주었는데, 그 돈을 사용할 수가 없어 한참을 보관하고 있었다.

1학년 2학기 때 친구의 소개로 한 여학생과 펜팔을 했다. 자취방에서 누나와 형 몰래 편지를 써서 보냈다. 1년이 지나도 답장이 없었는데, 뜻밖에도 만나자는 연락이 왔다. 어느 가을날 촉석루에서 그 여학생을 만났는데, 마음이 콩닥콩닥 뛰었다. 그때 받은 편지의 향기를 아직도 기억한다. 첫사랑의 달콤함이랄까?

3학년 때 다시 자취방을 옮겼다. 고향집을 떠난 이후 네 번째 머문 집이다. 근처에 여자고등학교가 있는 동네였다. 그 자취방에 있을 때 동생이 처음으로 도시 구경을 왔다. 옛날 사진을 찾아보니 자취방에서 3형제가 찍은 사진이 있었다. 작은방에는 책상이 두 개 놓여 있는데, 형이 책상에 앉아 책을 보고 있고 동생과 내가 이야기를 나누고 있는 장면이다. 예전에는 침대가 없어 방바닥에서 모든 일상이 이루어졌다. 지금 생각해보면 누나는 다 큰 남동생들과 어떻게 한 방에서 잠을 자고 생활했을지 궁금해진다. 그런데 당시 단칸방에서는 형제간에 남녀유별도 없이 지내야 했다. 지금 세대들이 생각하면 상상할 수 없는 일이다.

그 방에서는 재미있는 사건도 있었다. 바로 고등학교 지각 사건이다. 그날 우리는 아침 6시에 일어나 밥을 먹고 형은 등교를 하고 누나도 공장에 출근했다. 잠이 부족한 나는 잠시 눈 좀 붙이고 학교에 가려고 다시 이불 속으로 들어갔다. 한 10분만 자고 일어난다고 생각했는데, 갑자기 누군가 나를 흔들어 깨웠다. 나와 두 살 터울인 작은형은 삼수를 해서 나와 같은 학교에 다니고 있었다. 2교시가 되어도 내가 학교에 오지 않자 담임선생님이 부랴부랴 형에게 "동생이 어찌

☗ 고등학교 1학년 때부터 3남매가 자취방에서 함께 생활했다. 누나는 남동생들과 어떻게 한 방에서 잠을 자고 생활했을까? 고등학교 2학년 겨울방학 때 자취방에서 형과 동생.

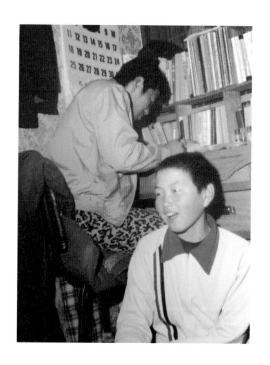

된 일이냐?"고 물었다고 한다.

　형이 헐레벌떡 집에 와보니 동생이 쿨쿨 자고 있는 게 아닌가! 나는 하늘이 무너진 것처럼 깜짝 놀라 서둘러 학교에 갔다. 다행히 2교시가 아직 끝나지 않았다. 친구들은 지각한 나를 보고 박장대소했다. 지금도 그때를 생각하면 절로 웃음이 난다.

　나는 자취방에서 방바닥을 뒹굴며 밤늦게까지 엎드려 공부를 했다. 책상이 있었지만 앉아서 공부하는 것보다 베개를 가슴에 베고 공부하는 게 더 편했다. 누나와 형은 축농증에 걸린다며 말렸지만, 다행인지 나는 축농증에 걸리지 않았다. 방바닥은 오늘의 나를 있게 해주었다. 나는 책을 읽을 때 책상에서 읽는 경우가 거의 없다. 대개는 방바닥에 누워서 읽는다. 그것이 더 편하다. 물론 책을 오래 읽으면 팔이 아파 오기도 하는데, 그럴 때면 이리 뒤척이고 저리 뒤척이면 된다. 좀 불편해야 잠도 오지 않고 독서에 집중할 수 있다.

　나는 시험이 끝나면 촉석루 옆에 있는 중앙극장에 가서 500원인가를 내고 동시상영 영화를 보았다. 한 편은 홍콩 무협영화이고 한편은 애로영화 혹은 이승현, 임예진, 이덕화 등이 주연한 고교생 영화였다. 영화를 보며 스트레스를 푸는 게 유일한 낙이었다. 그리고 다시 자취방으로 가서 방바닥에 엎드려 공부를 했다. 그 덕분에 무사히 고등학교 3년을 보내고 대학교에 진학했다. 네 군데의 자취방을 거치면서 진주에서 유학 생활은 끝이 났다.

무작정
상경과
얹혀살기

1982년 2월 말, 무작정 서울행 버스를 탔다. 나는 고학생이었다. 자취방 한 칸 얻을 돈이 없었다. 작은형은 등록금이 없는, 말하자면 국비로 등록금을 대주는 세무대학에 갔다. 그런데 1개월 만에 세무대학을 그만두고 재수를 하기 시작했다. 나는 도봉구 안방학동에 있는 고등학교 친구의 큰 형님 집에 잠시 친구와 한방을 쓰기로 했다. 고향 집을 떠난 이후 다섯 번째 머문 집이다. 정릉에 있는 대학교에 합격한 친구는 선뜻 우리의 사정을 헤아려 함께 방을 사용하자고 했다. 지금 생각해보면 형님과 형수님에게 참으로 염치없는 일이었다. 그런데 그들은 불쑥 찾아간 고학생을 따뜻하게 맞이해주었다. 물론 식사도 공짜로 주었다.

나는 그곳에서 돈 한 푼 들이지 않고 얹혀살았다. 그렇게 2개월 넘게 지냈다. 아직도 안방학동으로 가는 22-2번 시내버스가 생각난다. 지하철 공사가 한창이던 수유리 부근 통학길도 생각난다. 또 205번 시내버스를 타고 등교할 때면 북악터널을 지날 때 버스기사가 터널 입구에 있던 톨게이트 요금통에 500원짜리 동전을 넣으면 쨍그랑 하던 소리가 기억난다.

5월의 어느 날 나는 친구 형님 집을 나와 북아현동에 있는 인우학사仁友學舍라는 사설 기숙사에 들어갔다. 당시 나는 총기독학생회SCA라는 동아리에서 활동했다. 기독교인은 아니었지만 '스터디'를 위해 신자 불문하고 동아리 회원으로 받아주었다. 동아리 선배의 주선으로 인우학사에 들어갈 수 있었던 것이다. 물론 기숙사비가 부담되지 않은 수준이었기에 가능했다.

당시에는 과외가 금지되어 있었지만, 나는 몰래 과외를 했다. 동아리 선배가 역촌동에 있는 자신의 고종사촌 동생의 과외를 소개해주었다. 그 과외비로 기숙사비를 냈다. 그런데 기숙사 룸메이트가 동아리 선배였는데 괴짜였다. 그 선배는 여간해서는 잘 씻지 않았다. 양말이며 옷가지도 빨지 않았다. 방에는 그 선배가 이곳저곳에 던져놓은 냄새나는 옷가지들로 악취가 심했다.

당시 이화여자대학교 옆 동네는 달동네였다. 미로 같은 골목을 걷다 보면 때로 화장실 냄새가 진동하기도 했다. 지금은 아파트 단지로 변해 있지만 말이다. 그 달동네를 지나 고개를 넘어 북아현동 인우학사로 갔다. 인우학사는 고향집을 떠난 이후 여섯 번째 머문 집이다.

⌂ 나는 인우학사라는 사설 기숙사에서 잠시 살았는데, 기숙사비가 부담되지 않았기 때문이다. 그 비용은 몰래 과외를 해서 마련했다. 1986년 가을 한탄강 MT에서 학우들과 함께.

다행히 기숙사에는 동기가 있어 그 친구와 친해졌다. 1학년 때는 친구와 붙어다닐 정도로 친하게 지냈다. 청자 담배도 한 갑 사면 나누어 피웠다.

한번은 그 친구와 학교 앞을 걸어가는데 초겨울에 어울리는 샹송풍의 노래가 흘러나왔다. 임수정의 〈연인들의 이야기〉라는 노래였다. 나의 소중한 대학 1학년은 그렇게 가고 있었다. 최근에 이 노래를 유튜브에서 찾아서 들었는데, 그 시절로 나를 데려다주는 듯했다.

친구는 충북 제천이 고향이다. 나는 대학 1~2학년 때 그 친구집에 두어 번 간 적이 있었다. 그 친구는 팝송을 줄줄 꿰고 있었는데, 방에 틀어박혀 친구와 함께 팝송을 듣는 재미가 쏠쏠했다. 〈I'd love you to want me〉와 같은 로보LOBO의 노래도 그때 알게 되었다. 이렇게 보면 절친한 친구를 만난 곳은 대부분은 내가 머문 집이었다. 인연은 집을 매개로 맺어지기도 하는 모양이다.

나는 기숙사 생활을 접고 1학년 2학기부터 신길동에 있는 친척집에서 '입주 과외'를 했다. 고향집을 떠난 이후 일곱 번째 머문 집이다. 그 집 주인은 진주에서 살다가 서울로 와서 자영업을 하던 먼 친척이었다. 항렬로 치자면, 그는 나에게 족질族姪(조카뻘이 되는 사람)이 된다. 그 집에는 아들 3형제가 있었는데, 큰아들이 중학교 3학년이었다. 나는 큰아들이 고등학교 입시에 합격할 수 있도록 해야 했고, 나머지 형제들의 공부도 봐주어야 했다. 3형제는 나를 보고 '할배'라고 불렀다. 나는 대학생 할배였다.

　　큰아들은 공부를 잘하지 못했다. 연합고사 모의고사를 보니 180점 만점에 90점 정도가 나왔다. 이 점수로는 서울의 고입 연합고사 합격 점수에는 턱없이 모자랐다. 당시 합격 커트라인은 140점으로 체력장 20점을 빼면 120점은 나와야 했다.

　　나의 '속성 과외' 덕분인지 큰아들은 턱걸이로 고입 연합고사에 합격했다. 나는 방학이 시작되자마자 이 집을 나왔다. 홀가분했다. 턱 걸이를 해서라도 합격했으니 망정이지 불합격이라도 했으면 그 미안함은 이루 말할 수 없었을 것이다. 나를 믿고 따라와준 큰아들이 고맙기도 했다. 입주 과외를 하면서 한 사람이 성장하기 위해서는 수많은 사람에게 신세를 진다는 사실을 새삼 깨달았다. 나는 그 집에 신세를 졌고, 그 집 큰아들은 나에게 신세를 졌다. 나는 '입주 과외' 덕분에 무사히 한 학기를 마칠 수 있었다.

지상에서
가장
큰 방

개화동 자취방은 고향집을 떠난 이후 여덟 번째 머문 집이고, 서울에 와서는 네 번째 맞는 집이다. 나는 김포공항의 활주로 불빛이 아름다워 이 집에 살기로 했다. 사실 고학생에게 월 5만 원의 월세는 아주 저렴했기 때문이기도 했다. 개화동은 김포공항이 코앞에 있어 고도제한이 적용되어 2층 주택을 지을 수 없었다. 1층을 편법으로 높게 짓고 외관상으로는 1층이지만 다락방 같은 2층이 있었다. 내가 한 학기 동안 살았던 방이 바로 다락방이다. 방문은 1미터 정도이고 방은 삼각형 구조로 한 변의 높이는 앉아 있으면 형광등이 머리에 닿을 정도로 낮았다. 툭하면 머리가 형광등에 닿아 곤혹스러웠다. 발을 쭉 뻗고 누우면 발끝이 천장에 거의 닿았다.

알랭 드 보통은 "우리는 방 하나가 대단히 큰 힘을 발휘할 수 있다는 사실에 놀라면서 감사하는 마음으로 그 힘을 받아들인다"라고 말했다. 그 작고 누추한 방은 고학생에게 더없는 안식의 거처로 다가왔다. 서울 생활을 시작한 지 1년 만에 처음으로 '나만의 방'을 갖게 되었기 때문이다. 친구 형님 집이나 사설 기숙사나 입주 과외로 친척 집에 살 때보다 환경은 열악했지만 마음만은 편했다. 내 방에서 바라다본 김포공항의 활주로 불빛들은 더 넓은 세상을 동경하던 나에게 그 세상으로 가는 관문이었다. 그 불빛들을 보고 있으면 미지의 세계로 들어가는 듯해서 희망에 부풀기도 했다.

그 불빛들을 바라보면 열악한 환경은 아무것도 아니었다. 아직도 친구들 중에 어느 따스한 봄날 개화동 자취방에 와서 김포공항 활주로가 내다보이는 내 방에 앉아 소주를 마셨던 기억을 들려줄 때가 있다. 그때를 회상하면 나는 짐승처럼 살던 시절이라고 곧잘 독백처럼 되뇐다. 지금 다시 그 시절로 돌아가 그런 열악한 방에서 살아야 한다면 어떨까 싶다.

2학년 1학기를 마치고 나는 군대에 가기 위해 휴학을 했다. 부산에서 징병 신체검사를 받았는데, 전혀 예상하지 않았던 폐결핵 진단이 나왔다. 개화동의 그 조붓한 방에서 제대로 먹지도 못하고 술을 마셔댔던 탓이다. 약을 복용하면서도 한동안 담배를 끊지 못했다. 젊은 날은 누구에게나 그렇듯이 자신에게도 오만한 것이다. 나는 다시 신체검사를 받고 보충역(방위병)으로 고향집에서 군복무를 시작했다. 고등학교에 진학하면서 떠나온 고향집에서 다시 생활하게 되었다.

내가 고향집에서 마지막으로 보낸 것은 방위병 복무 시절이다. 1984년 9월부터 1985년 11월까지 복무했는데, 집에서 출퇴근을 했다. 그 시절이 어머니와 살던 마지막 기간이기도 하다. 그런데 군 생활을 하고 있는 내 청춘이 불쌍해 화풀이를 어머니에게 하기도 했다. 또 폐결핵을 치료하는 시간이기도 했기에 이유 없이 몸이 불편하면 짜증을 내기도 했다. 지금 생각하면 너무 철없는 행동이라서 얼굴이 화끈거린다. 어머니는 단백질을 많이 보충해야 한다며 개소주와 곰탕을 해주었다. 나는 원래 육식을 거의 하지 않았는데, 그때 곰탕과 개소주를 먹는 게 힘이 들었다. 그러나 어머니 덕분에 방위병 복무를 마칠 즈음에는 폐결핵이 거의 치유되었다.

그즈음 고향집 수몰 보상비를 받았는데, 그 돈으로 큰형은 대구 감삼동에 2층집을 구입했다. 작은 마당에는 대추나무가 한 그루 있었다. 이 집에서 조카 세 명이 태어났다. 형수는 첫째와 둘째를 내리 딸을 낳았고 마지막에는 아들을 낳았다. 어머니는 바랐던 소원을 이루어서인지 이 집이 재수가 좋다고 말씀하셨다. 어머니는 고향집이 수몰되자 임시 거처를 마련해 살았는데, 그렇게 몇 년을 보내다가 손자가 태어나자 대구로 나오셨다. 어머니 인생에서 가장 소중한 보물은 아들과 손자인 것 같았다.

큰형은 수몰 보상비로 2층집을 사고 남은 돈으로 아파트를 구입했는데, 조카들이 성장하자 그 아파트로 이사를 갔다. 그런데 아파트로 이사 가서는 별로 좋은 일이 없었다. 큰형은 사업이 풀리지 않더니

⬆ 나는 방위병으로 15개월 동안 복무했는데, 이때가 어머니와 고향집에서 살던 마지막 기간이었다. 어머니는 개소주와 곰탕으로 내 폐결핵을 치유해주었다. 방위병 복무 시절 때의 모습.

급기야 부도를 맞고 말았다. 집안 형편은 갈수록 더 나빠졌다. 어머니는 중대 결심을 했다. 무슨 일이 있더라도 다시 감삼동 2층집으로 들어가야 한다고 형과 형수를 다그쳤다. 다행히 2층집은 부도의 소용돌이를 피할 수 있었다. 결국 어머니의 고집으로 2층집으로 큰형 가족이 들어갔다.

어머니의 예언은 적중해 그 이후 좋은 일들이 연이어 찾아왔다. 조카 세 명이 모두 교대에 합격했다. 당시 큰형은 요즘 같이 살기 힘든 세상에서 교사만큼 좋은 직업이 없고 같은 직업에 종사하면 서로 의지하면서 살아갈 수 있다며 교대를 적극 추천했다고 한다. 조카들이 대학교에 들어갈 수 있었던 것은 어머니의 공도 컸다. 어머니는 조카들이 방황할 때 늘 든든한 응원자이자 버팀목 역할을 했다. 특히 이 집에서 손자가 중학교 2학년이 될 때까지 한방에서 지내면서 손자를 키웠다. 그래서인지 지금도 조카는 여자 친구가 생기면 제일 먼저 할머니에게 데리고 가서 인사를 시킨다.

'감삼동 집은 재수가 좋다'와 같은 생각은 미신이라고 치부할 수 있다. 그러나 사람이 살아가면서 때로는 미신을 믿는 게 더 좋은 결과로 이어질 수 있다. 어머니의 턱없는 고집처럼 살아가면서 한두 번쯤은 그런 미신을 믿어도 손해는 보지 않는다. 그런데 정작 어머니는 그 집에 들어가 좋지 않은 일을 당했다. 화장실에 들어가다가 넘어졌다고 하는데 그 이후로 척추가 탈이 나기 시작했다. 어쩌면 어머니는 집안에 닥쳐올 액운을 온몸으로 막아내다 힘에 부치셨던 것은 아니었을

⬆ '감삼동 집은 재수가 좋다'는 어머니의 말씀은 하나도 그른 게 없었다. 그 후로 큰 형 가족에게는 좋지 않은 일이 일어나지 않았다. 아버지 묘소 앞에서 큰형과 나.

까? 그 덕분인지 큰형 가족에게는 더는 안 좋은 일이 일어나지 않았다. 어머니는 자나 깨나 자식 걱정, 손자 걱정이다. 그것이 어머니의 인생이다.

나는 방위병 복무를 마치고 대학교에 복학할 때까지 6개월 정도 2층집에서 지냈다. 고향집을 떠난 이후 아홉 번째 머문 집이다. 처음으로 영어 원서를 번역하는 아르바이트를 했다. 몇 날 며칠을 밤새해서 몇십 만 원을 받아 과일을 사들고 집에 간 기억이 지금도 새롭다. 야학 교사를 한 것도 그때였다. 바람 부는 봄날이면 야학교를 가던 길이 눈에 선하다. 나는 영어를 가르쳤는데 공장을 다니며 밤에 짬을 내 야학교에 와서 졸며 공부하던 학생들의 모습이 잊히지 않는다. 그 학생들과 낙동강가로 봄 소풍을 간 적도 있었다. 그 학생들은 지금 어디서 무엇을 하며 살고 있을까?

전셋집과
하숙집에
대한
추억

　　1986년 9월 2학년 2학기로 복학을 하면서 전세금 400만 원을 가지고 서울에 도착했다. 4년 전 방 한 칸도 마련하지 못한 채 아무런 대책도 없이 서울에 올라올 때와는 격세지감이라고 할까? 때마침 등촌동에 마당 한쪽에 화장실이 딸린 단칸방이 있었다. 마당에는 잔디가 있는 단층집이었다. 처음으로 전세금을 주고 구한 방이었다. 고향집을 떠난 이후 10번째 집이다. 어느 가을 저녁 친구와 지인 몇 명을 초대해 마당에서 집들이를 했다. 당시 나는 폐결핵이 완전하게 낫지 않은 상태였지만, 그날은 술을 몇 잔 마셨다.

　　전셋집은 등촌중학교에서 작은 언덕으로 올라가면 교회가 나오는데, 교회를 지나 산 쪽으로 가면 뒷문이 나 있었다. 나는 등하굣길에 뒷문으로 출입을 했다. 그 뒷문을 나오면 등산로이고 등산로를 조금 내려오면 교회가 나온다. 그 교회를 지나면 등촌중학교가 있고, 그 앞에 있는 주차장에서 버스를 타고 대학교로 등하교를 했다. 그 길은 고독한 서울 생활에 큰 위로를 주었다.

등하교를 할 때 작은 언덕을 오르락내리락하는 시간은 교회 때문인지 몰라도 팍팍한 서울의 여느 골목과는 다른 사색과 여유를 느끼게 해주었다. 나는 아직도 그 길을 걸어가는 듯한 느낌이 든다. 뒷문에 들어서면 별채로 독립된 나의 방은 그 자체로 행복한 거처였다. 나는 연탄불을 꺼뜨리지 않으려 애를 썼지만, 번번이 연탄불을 꺼뜨렸다. 그럴 때면 주인아주머니에게 밑불을 빌려 연탄불을 붙이기도 했다.

나는 이 방에서 지낼 때 추억이 있다. 친구들과 술을 마시고 들어온 날이면 이상하게도 라면이 먹고 싶었다. 김치라도 있으면 금상첨화였다. 그러나 자취생에게 김치가 늘 있을 리 없었다. 가끔 주인아주머니가 파김치라도 줄 때면 라면을 끓일 때 아주 요긴하게 넣어서 먹을 수 있었다. 라면에 파김치는 고추나 배추김치만큼 궁합이 잘 맞는다.

예나 지금이나 자취생은 늘 춥고 배고픈 법이다. 그 전셋집에서 살 때에도 아침 식사가 제일 해결하기 어려웠다. 그때 생각해낸 게 바로 죽이었다. 어린 시절 어머니가 즐겨 해주던 팥죽과 호박죽이 생각났다. 마트에 가면 인스턴트 팥죽과 호박죽이 있었다. 나는 그 죽을 며칠치를 사놓고 아침을 해결했다. 여기에 초코파이와 우유를 곁들이면 소박한 아침 식사가 된다.

내가 첫 실연을 경험했던 것도 이 전셋집에 있을 때였다. 2월 말 내 생일 때 카세트테이프에 노래를 녹음해서 주더니 그 이후로 차츰 멀어졌다. 그 카세트테이프에 담긴 노래가 몇 곡 생각나는데, 규리의 〈오늘 밤엔〉과 김태화의 〈안녕〉 등이 실려 있었다. 생각해보니 〈안녕〉이 담겨 있었던 것은 이것이 이별의 선물이었나 싶다. 나는 그녀에게 이별의 이유를 듣고 그만 허탈감과 실망감에 아연해졌다. 그녀에 대한 순수한 연정도 사라졌다.

이 전셋집에서 1년을 살다가 학교 앞 창천동으로 자취방을 옮겼다. 고향집을 떠난 이후 11번째 집이다. 2층 옥탑방이었고 간이 부엌이 있었는데 옥상을 마당처럼 사용할 수 있었다. 그 자취방에 있을 때 나는 그동안 썼던 습작시들과 일기장을 모두 태워버렸다. 갑자기 최루탄이 난무하는 사회에 짜증이 났고, 사는 것도 구질구질한 것처럼 느껴졌다. 모든 것을 태워버리고 싶었던 것 같다. 지금 생각하면 아쉽다. 내 젊은 날들의 기록이 사라져버리는 순간이었다.

다시 자취방을 옮겼다. 고향집을 떠난 이후 12번째 집이다. 이번에는 연희동의 빌라에 방 하나를 전세냈다. 당시에는 아파트에 방 하나라도 남으면 세를 주기도 했다. 주인 가족들과 거실을 공유해야 했는데, 그때는 그리 불편한 생각이 들지 않았다. 그 집에 이사 가던 날, 주인아주머니는 만둣국을 만들었다며 함께 먹자고 했다.

그 집에 살면서 나는 신문을 구독했다. 입사 시험을 준비해야 하

⌂ 나는 등촌동 자취방에 살 때 첫 실연을 경험했다. 그녀는 나에게 카세트테이프에 노래를 녹음해주었는데, 그중 김태화의 〈안녕〉도 있었다. 대학 시절 윤동주 시비 앞에서 학우들과 함께.

는 4학년 신학기여서 우선 신문을 보며 시사 상식을 넓혀갔다. 집주인이 인근의 연남동 단독주택으로 이사를 가서 나도 따라 그 집으로 들어갔다. 고향집을 떠난 이후 13번째 집이다. 그 집은 밤늦게 들어와도 거실을 통하지 않고 내 방으로 들어갈 수 있어 조금은 덜 불편했다. 행정고시를 준비하고 있던 친구가 내 집에서 잠시 살자고 했다. 그 친구는 고시공부를 하고 밤늦게 올 때마다 구운 문어다리를 꼭 사들고 왔다. 나도 덩달아 문어다리 먹기가 취미가 되었다. 짭짜름하고 고소했다. 다소 질기긴 하지만 씹을수록 맛이 났다.

나는 이 자취방에서 지낼 때 신문사에 취직이 되었다. 졸업을 앞둔 2월 초에 막차를 탔다. 정말 그때는 애간장이 다 녹을 정도로 긴장감이 이루 말할 수 없었다. 더욱이 졸업을 불과 보름 정도 앞둔 시점에 합격 통보를 받았던 것이다. 그때의 기분은 하늘을 찌를 듯했다. 그날 자주 가던 술집에서 없는 돈을 탈탈 털어 맥주 한 박스를 사서 친구들에게 한턱을 냈다. 그 술집은 학교 앞에 있었는데, 마광수 교수의 소설 제목인 '장미여관' 근처에 있었다.

신문사에 취직이 되면서 더는 자취하기가 힘들어 하숙집으로 옮겼다. 다시 자취를 할 때까지 하숙집을 네 번이나 옮겼다. 고향집을 떠난 이후 14~17번째 집이다. 그 하숙집에서 매일 출근하는 일상이 시작되었다. 그런데 내가 다니던 『동양경제신문』은 당시 신문 창간 붐으로 새롭게 창간된 신문이었는데, 노조가 설립되자 그만 창업주가 직장폐쇄를 해버렸다. 나는 수습기자 생활을 마치자마자 백수가 된

⌂ 나는 『경향신문』에 경력 기자로 입사한 후 원룸을 구해 자취를 시작했다. 이 집에서 지인들과 함께 술이나 차를 마시기도 했다. 국세청 출입 기자 시절 유럽 취재 때 동료들과 함께.

것이다. 그러나 몇 개월 후 『경향신문』에 경력 기자로 들어갔다. 수습 6개월 기자 경력이 전부였는데 경력 기자로 채용된 것이다.

그동안 하숙집을 전전했는데 인근 원룸을 전세로 구해 다시 자취를 시작했다. 고향집을 떠난 이후 18번째 집이다. 지인들과 함께 술이나 차를 마시기에는 이 원룸보다 더 좋은 곳이 없을 정도였다. 또바로 옆방에 사회학과에 다니는 후배가 있었는데, 격의 없이 지내게 되었다.

나는 원룸에서 혼자 살다 급작스럽게 이문동으로 이사하게 되었다. 당시 동생이 근처에 있는 대학교에 다니고 있었다. 나는 지금 동생과 함께 살지 않으면 다시는 함께 살 기회가 없겠다는 생각이 들었다. 동생과 상의해 살림을 합치기로 했다. 동생은 화장실을 공용으로 사용하는 자취방에서 생활하고 있었다. 원룸과는 비교할 수 없을 정도로 환경이 열악했다. 다시 방을 구하는 것보다 그냥 내가 얹혀살기로 했다. 그때 동생은 취업 준비를 하고 있어 조언도 해줄 겸 옮긴 것이다.

나와 동생은 이사를 하고 며칠 후 중식당에서 이사 기념으로 탕수육을 먹었다. 동생과 함께 살던 기간은 채 한 학기도 안 되었다. 그후 동생은 교환학생으로 선발되어 러시아로 떠났다. 잠시 동생과 함께했던 그 자취방은 고향집을 떠난 이후 19번째 집이다. 갑자기 휑한 자취방에서 나는 몇 개월을 더 지내다가 전셋집을 구해 이사를 했다. 고향집을 떠난 이후 20번째 집이다. 이 자취방은 내가 결혼하기 전 혼자 살던 마지막 집이었다. 나는 이 집에 살 때 아내를 만나 결혼했다.

유목민처럼 정주하지 못하고 여러 집을 전전하다 보니 이상한 규칙이 생겼다. 지금까지 내가 살던 집 혹은 방을 방문한 친구들은 친구의 인연으로 이어져오고 있다는 점이다. 내 고향집이나 고교 시절과 대학 시절의 자취방이나 하숙집에 온 친구들은 많은 시간이 흘렀어도 여전히 만나고 있다. 그리고 보면 집은 인연의 끈이 이어지는 출발지가 아닌가 싶다.

전세로
신혼 생활을
시작하다

  나는 경기도 고양시 화정에 있는 작은 아파트에서 신혼 생활을 시작했다. 고향집을 떠난 이후 21번째 집이다. 대학을 졸업하던 해에 신문사에 들어가 하숙집과 전셋집을 전전하면서 사회생활을 시작했지만, 그 시절은 생각보다 돈을 모으지 못했다. 결혼 전에 대개의 남자들이 그렇듯이 월급을 받으면 며칠이 지나 통장의 잔고는 바닥이 났다. 결국 대출을 받아 겨우 전세금을 마련해 신혼살림을 차린 것이다. 그 돈으로는 서울에서 전세를 구하기가 힘들었다. 더구나 아내가 살고 있던 동네에도 전세를 구할 수 없었다.

  당시는 일산 신도시에 입주가 시작되던 시점이었다. 어느 날 일산 신도시 쪽으로 시내버스를 타고 가다 우연히 화정에서 내렸다. 화정에도 아파트 입주가 시작되고 있었다. 20평대, 30평대, 40평대 아파트가 있었지만, 나는 아내와 단둘이 살아야 하기에 가장 작은 평수의 아파트를 계약했다. 그렇게 결혼을 하고 아파트 생활이 시작되었다. 이듬해 8월에 아이가 태어났다. 아내는 결혼하자마자 임신을 해서 18층 아파트 꼭대기층에 갇힌 신세가 되었다. 아내는 임신 우울증이 와서 거의 매일 울었다고 한다.

부모님과 동생들과 함께 생활하다가 결혼을 하면서 신혼 생활이 시작되었지만, 아파트에 갇혀 있는 생활은 아내에게 단절감을 더 심화시켜주었다. 처음에는 막막하게 하루하루를 보내야 하는 감금 생활과 다름없었던 것이다. 요즘도 아내는 그 시절을 이야기하다가 목이 메인다. "당신이 출근하고 나면 나는 하루 종일 당신만 기다렸어요."

아이가 태어나자 아내는 모든 시름이 감쪽같이 사라졌다고 한다. 아이가 아내에게 더없는 기쁨과 행복을 안겨준 것이다. 말하자면 아이가 아내에게는 최고의 선물이자 축복을 안겨준 셈이다. 우울증도 무기력증도 좌절감도 단절감도 사라졌다고 한다.

아들의 이름을 지은 곳도 이 아파트에서다. 나는 아들의 이름을 '로마'로 짓고 싶었다. 세계사에서 유례없는 제국을 건설한 이탈리아 로마처럼 '모든 길은 로마로 통한다'는 말이 있듯이 아들도 더 넓은 세상을 경험하기를 바랐다. 그런데 로마라는 이름으로 호적에 올리려다가 망설여졌다. 당시 '노마 에프'라는 어린이 영양제 광고가 유행했는데, 아이가 그 광고로 놀림을 당하지 않을까 우려되었다. 결국 아이 이름을 지인에게 부탁했는데 '재욱'으로 지어주었다. 그후 '재욱'이라는 이름이 발음상 알아듣기 힘들다는 아내의 말과 아들도 친구들에게 그런 이야기를 듣는다는 말을 듣고 중학생 때 '승현'으로 개명을 해주었다.

우리 집안은 '현'이 항렬 돌림자여서 솥귀 현鉉으로 해야 하는데, 작명소에서 무늬 현絢으로 하는 게 아이에게 좋다고 했다. 아이의 미래를 위해 좋다는데 굳이 항렬 한자를 써야 할까 싶었다. 그래도 아이는 자기 이름에 아주 만족해했다. 또한 지금까지 별탈없이 잘 지내고 있다. 운칠기삼運七氣三이라는 말이 있는데, 아들은 어떤 일이 있을 때마다 운이 참 좋았다.

아내가 임신했을 때 나는 신문기자로 바쁜 나날을 보내고 있었다. 당시 김대중 정권이 들어서면서 재벌이 언론사를 소유하는 것을 금지하는 바람에 한화그룹이 신문사에서 손을 뗐다. 그 바람에 거액의 빚을 떠안은 신문사는 혹독한 구조조정에 들어갔고, 대규모 인원 감축을 해야 했다. 내가 있는 부서에서는 기자 세 명 중 나 혼자만 살아남았다. 하루하루 엄청난 노동에 시달렸다. 토요일과 일요일도 없이 한 달에 하루나 이틀 정도밖에 휴식을 취하는 게 고작이었다.

나는 신문사에 다니면서 언론홍보대학원 야간 석사과정에 다니고 있었다. 하루는 논문 마무리 작업을 하고 있는데, 갑자기 노트북 전원이 나가 그만 작업한 논문을 날려버렸다. 아무리 복구를 하려고 해도 되지 않아 난감했다. 다행히 처음부터 논문을 복기하면서 마무리해서 그 학기에 석사학위 논문을 마칠 수 있었다.

⚘ 나는 휴일도 없이 신문기자로 바쁜 나날을 보내고 있어 임신한 아내에게 소홀했다. 그때 아내는 다시는 아이를 갖지 않겠다고 다짐했다고 한다. 아이가 2세 때 아내와 함께.

나는 신문기자 4년차가 되었을 때 꿈꾸기가 멈춰 있다는 것을 알았다. 사회에 신문기자로 첫발을 내디뎠을 때에는 5년 정도 일하고 유학을 가겠다고 생각했다. 그런데 시간이 흐를수록 그런 생각이 차츰 희미해져갔다. 선후배들과 술 마시는 날이 많아졌다. 책이 손에 잡힐 리 없었다. 그 차선책으로 언론홍보대학원에 진학해 대학원 공부를 하게 된 것이다.

그러다 보니 변명 같지만 임신 중인 아내에게 소홀했다. 아내는 "산책을 같이 하자고 해도 싫다, 외식을 하자고 해도 싫다고 했어요. 또 땀을 삐질삐질 흘리며 힘들게 다리미질을 했어요!" 그때 아내는 다짐했다고 한다. 다시는 아이를 낳지 않겠노라고!

아들의 돌잔치가 기억난다. 화정역 근처에서 조촐하게 돌잔치를 치렀는데, 아들은 사진을 찍으려고 하면 울어댔다. 그날 찍은 사진들은 모두 찡그린 표정이다. 아들은 신혼집에서 걸음마를 뗐다. 아내는 이웃집 쌍둥이 엄마에게 아들을 맡기고 영어 과외를 했다. 이때부터 아내는 일을 하기 시작했다. 나는 아내에게 대출을 받아서라도 이집을 구입하자고 했다. 당시 아내는 대출을 받는 것을 끔찍이도 싫어했다.

우리는 전세 기간이 만료되어 그 앞 단지의 작은 아파트로 옮겼다. 고향집을 떠난 이후 22번째 집이다. 이때 나는 아파트를 전세로 한 것을 후회했다. 그 전세금이면 인근의 아파트를 충분히 사고도 남았기 때문이다. 하지만 아내는 부동산이나 재테크에 관심이 별로 없었다. 한번은 아내에게 몇천 만 원을 대출받아 근처에 있는 아파트를 구입하면 좋겠다고 했지만, 아내는 일언지하에 거절했다.

여름밤에는 아들을 데리고 아내와 함께 아파트 앞 분수대로 산책을 가기도 했다. 아들은 엄마와 아빠 곁을 벗어날까봐 항상 지근거리에서 세발자전거를 탔다. 그러던 어느 날 아이가 엄마와 아빠 곁을 벗어나 분수대를 한 바퀴 돌고 오는 것이었다. 우리는 한참 동안 아이가 보이지 않아 조바심을 내고 있었는데, 아이가 환하게 웃는 얼굴로 세발자전거를 타고 오고 있었다. 그날 우리는 아이를 키우는 재미를 새삼 만끽했다.

내
집을
마련하다

　　새천년이 시작된 2000년 1월에 입주한 경기도 일산의 빌라는 고
향집을 떠난 이후 24번째 집이다. 그리고 생애 처음으로 내 집 마련의
꿈을 이룬 집이다. 작은 빌라형 아파트였지만, 나는 참으로 뿌듯했다.
그 빌라에 친구가 살았는데, 우연히 그 집 구경을 간 것이 빌라를 구입
하게 된 계기였다. 다른 대단지 아파트와 달리 4층짜리 빌라였고 더
욱이 우리가 구입한 집은 4층에 있었다. 이곳에서 살 동안에는 위층
의 층간 소음을 신경 쓰지 않아도 되었다.

　　그런데 이 집에 이사 오기까지 많은 어려움이 있었다. 이사 날짜
가 맞지 않아 임시로 집을 마련해야 했다. 근처에 있는 빌라로 이사해
살기로 했다. 이 집이 고향집을 떠난 이후 23번째 집이다. 이 집에서
는 아들이 집 앞에 있는 초등학교 운동장을 틈만 나면 창문을 열고 바

라보았던 기억이 난다. 초등학생들이 운동장에서 왁자지껄 뛰노는 소리가 나면 아들은 발 받침대를 놓고 그 위에 올라가 창문 밖을 내다보았다. 그 집은 옆집 화장실에서 물 내리는 소리가 들려 신경이 많이 쓰였는데, 방음 시설이 제대로 되지 않은 탓이었다. 우리는 몇 개월을 살다가 나왔지만, 그 집에서 다시는 살지 않아도 된다고 생각하니 마음이 한결 편안해졌다.

아들은 이 집에서 잘 놀았다. 아들이 5세 때 이사 온 이 빌라 단지에는 아들 또래의 아이가 12명이나 있었다. 집 앞에 놀이터가 있어 아이들이 놀기에는 더없이 좋았다. 아들은 눈만 뜨면 장난감 삽을 들고 아침나절부터 놀러 나갔다. 아내는 4층 베란다에서 아들이 노는 모습을 지켜보았다. 아들은 엄마가 밥 먹자고 외칠 때까지 놀았다. 시골에서 어릴 때 함께 자란 또래들을 만나 놀듯이 말이다. 또 집안에 자랑할 일이 있으면 아이들을 데리고 왔다. 한번은 겨울에 엄청 눈이 많이 왔는데, 나는 아내와 그 놀이터를 배경으로 사진을 찍은 적도 있다.

그런데 이 집은 4층 빌라여서 엘리베이터가 없었다. 아들은 4층까지 올라오기가 힘들다며 1층으로 이사 가자고 조르기도 했다. 한번은 "우리 집이 매매예요, 전세예요?"라고 아내에게 물었다고 한다. 아이들끼리 집 자랑을 한 모양이다. 나는 아내에게 그 이야기를 듣고 조금은 얼떨떨했다.

나는 이 집에 살면서 아들을 앞세워 틈나는 대로 인근에 있는 중산에 올랐다. 아들과 함께 걷는 것만큼 뿌듯한 일도 없는 것 같았다.

⬆ 아들은 눈만 뜨면 놀이터에 나가 엄마가 밥 먹자고 외칠 때까지 또래 아이들과 놀았다. 눈이 많이 온 겨울날 우리 부부는 이 놀이터를 배경으로 사진도 찍었다. 아파트 놀이터에서 아내와 함께 찍은 사진과 아이가 놀이터에서 노는 모습.

팔짝팔짝 뛰면서 앞서 걷는 아들을 보노라면 가슴이 따뜻해졌다. 나는 아들이 알아듣지도 못할 테지만 이런 말을 했다.

"인생은 산에 오르는 것과 같단다. 한 걸음 한 걸음 올라가야 정상에 이르듯이 인생도 한 걸음 한 걸음 올라가야 한단다. 건너 뛰어 걸으면 더 빨리 올라갈 것 같지만 숨이 차서 이내 지치게 된단다. 천천히 올라가면 오히려 빨리 뛰는 사람보다 먼저 정상에 도달하게 된단다. 그리고 내려올 때는 쉬운 것 같지만 더 조심해서 내려오지 않으면 다치기 십상이란다."

내 집을 마련하고 나서 나는 아내에게 경상도식 양념 불고기를 해서 먹자고 제안했다. 나는 어릴 적부터 비위가 약해 돼지고기를 입에도 대지 못했다. 다만 어머니가 양념 범벅을 해서 만들어주신 구운 돼지고기는 그 양념 맛에 먹을 수 있었다. 그 어릴 때의 기억을 되살려 경상도식 양념 불고기를 해서 숯불에 구워먹겠다고 객기를 부린 것이다. 지금 생각하면 웃음이 나지 않을 수 없다. 그러나 양념 냄새와 연기가 금세 집 안에 퍼지는 바람에 이내 숯불을 껐다.

하루는 밤늦게 귀가를 했다. 술에 취해 12시가 넘어 귀가를 했더니 아내가 문을 꽝 하고 열더니 그 길로 집을 나가버렸다. 아내는 나를 기다리다 지쳤고, 자정을 넘겨 귀가하는 것을 더는 참지 못하겠다고 으름장을 놓았다. 아내는 그 길로 나가 화가 풀릴 때까지 들어오지 않았다. 나는 그 일이 있은 후로는 특별한 일이 없는 한 자정 전에 귀가하기로 마음먹었다. 그 때문인지 나는 한 번도 외박을 한 적이 없다.

한번은 진주에 사는 조카가 수능을 치르고 대학 입시를 위해 집에 온 적이 있었다. 나는 고교 시절 누나의 도움을 많이 받았기 때문에 조카가 원하는 대학에 들어가기를 진심으로 기원했다. 수능 성적은 그리 좋지 않았지만, 그래도 중상위권 대학은 지원할 수 있었다. 조카는 "그때 외삼촌이 담배를 피우시면서 심각한 표정을 짓던 모습을 잊을 수 없습니다"라고 종종 말한다. 다행히 조카는 원하는 대학에 들어갈 수 있었다.

그런데 몇 년 후 이 집과의 인연은 대학 원서를 썼던 조카로 이어졌다. 한번은 조카가 인사를 왔다. 나는 지방에서 올라온 사람이 서울에서 집 없이 살아가기가 너무 힘들다는 것을 대학 다닐 때부터 경험했다. 조카도 대학을 졸업하면 서울에서 살아가야 할 텐데 걱정부터 되었다. 훗날 결혼을 하려면 집도 필요할 것이기에 먼저 집을 마련해놓는 것도 괜찮겠다 싶었다. 나는 근처 부동산중개소에서 집을 알아보았는데, 너무나 우연찮게도 처음으로 마련한 내 집이 매물로 나와 있었다.

나는 조카에게 의향을 물었다. 누나에게도 슬며시 의향을 전했다. 누나는 반색을 했다. 당시 누나는 진주 중앙시장에서 건어물 가게를 하고 있어 여윳돈이 좀 있었다. 나는 조카와 함께 부동산중개소로 가서 매매계약을 체결했다. 그렇게 해서 이 집이 다시 우리와 인연이 이어진 것이다. 살아가다 보면 참 우연한 일도 일어나게 마련인데 이 집이 그랬다. 이 집은 우리에게 복을 선사한 집이라고 할 수 있다.

이 집에 이사 오고 나서 대학원 박사과정에 진학했다. 박사과정에 들어가기까지 우여곡절이 많았다. 석사과정을 마치고 4년 만에 박사과정에 들어갔다. 신문기자를 하면서 책을 쓰고 대학원 공부를 하는, 그야말로 1인 3역을 해내던 청춘의 시절이었다. 뒤돌아보면 그때의 열정이 오늘의 나를 잉태한 것이었다. 그때 위안을 삼았던 것이 이른바 '10년 법칙'이다. 누구나 10년 동안 몰입하고 열정을 쏟다 보면 10년 전과는 전혀 다른 삶을 살 수 있다는 법칙이다. 지금 생각해도 나는 다부지게 살았다.

처음으로 마련한 내 집이어서 그런지 이 집은 나도 그렇지만 가족에게 소중한 기억의 공간으로 남아 있다. 아들에게는 밝게 뛰놀던 유년의 공간이 되어주었고, 나에게는 아내와 아들과 많은 추억을 쌓으면서 가족의 소중함을 일깨워준 공간이었다.

다시
전세살이를
하다

아내의 과외 때문에 이사를 했다. 대형 평수의 복층 빌라였는데, 전세로 들어갔다. 작은 빌라에 살다가 큰 평수의 집으로 이사하니 처음에는 꿈만 같았다. 4층에 있는 복층에는 테라스가 있었고 화단도 작게 조성되어 있었다. 그런데 살다 보니 집이 큰 것도 좋지만은 않았는데, 청소하기가 너무 힘들었다. 이 집은 고향집을 떠난 이후 25번째 집이다.

아내는 아들을 낳은 이듬해부터 줄곧 영어 과외를 했다. 한화그룹이 신문사 경영에서 손을 떼자 나의 월급은 거의 절반으로 삭감되었다. 아내가 과외를 하지 않으면 생활비조차 대기 힘들어졌다. 우리가 살던 작은 빌라에서는 과외를 하기가 너무 불편했다. 나는 처음 마련한 내 집을 팔고 전세로 옮길 수밖에 없었다.

나는 가끔 '전략적 마인드'를 생각한다. 우리는 생각 없이 살아갈 때가 많다. 인생은 단기적인 계획도 중요하지만 중장기적인 계획이 있어야만 꿈을 이룰 수 있고 열정 있는 삶을 살아갈 수 있다. 전략적 마인드는 꿈과 목표, 열정을 가지고 삶을 살아갈 수 있게 하는 묘약과도 같은 것이다.

주변에서 보면 열심히 살았지만, 은퇴 후에는 공허한 삶을 살아가는 이들을 흔히 보게 된다. 성공한 사람들도 마찬가지다. 그 까닭은 바로 전략적 마인드가 부재했기 때문이다. 남보다 열심히 살았다 해도, 사회적으로 성공적인 삶을 살았다 해도 인생이 공허하다면 그것은 자신의 꿈과 무관하게 사회와 조직을 위해 남에게 보이는 삶을 살았기 때문이다. 자신을 위한 삶은 바로 전략적 마인드의 바탕 위에서 형성된다.

다행히 나는 신문사에 다니면서 장차 내가 살아갈 목표와 꿈을 재설계할 수 있었고 때가 될 때 과감하게 실행했다. 떠밀리는 삶이 아니라 스스로 선택한 삶을 살았다고 자부한다. 그것은 용기가 필요한 일이다. 전략적 마인드에서 가장 중요한 것은 용기와 실행 능력이라고 할 수 있다. 용기와 실행 능력이 없으면 아무리 훌륭한 꿈과 인생의 목표도 한낱 생각과 구상에 불과하기 때문이다.

이 집에 이사 올 때 아내는 나와 상의도 하지 않고 주식을 처분했다. 모자라는 전세금을 충당하기 위해서였다. 나는 어느 대기업 주식을 보유하고 있었는데, 당시 회사 사정으로 주가가 곤두박질치고

⬆ 전략적 마인드가 없으면, 사회적으로 성공했어도 은퇴 후의 삶은 공허해진다. 그것은 자신의 꿈과 무관하게 사회와 조직을 위한 삶을 살았기 때문이다. 2006년 8월 대학원 박사과정 졸업식 때 어머니와 가족과 함께.

있었다. 나는 이때다 싶어 그 주식을 상당한 돈을 들여 매입했다. 아내에게는 1~2년 정도 보유하자고 했다. 그런데 아내는 나와의 약속을 어기고 전세금 때문에 주식을 매각해버린 것이다.

지금도 아내와 그때 이야기를 한다. 인생에서 '만약'이라는 게 없지만, 그 주식을 오랫동안 보유하고 있었더라면 10배 혹은 20배의 차익을 챙길 수 있었을 것이다. 하지만 아무런 미련이 없다. 인생은 그리 녹록하지 않기 때문이다. 갑자기 큰돈이 생기면 오히려 그것이 화를 불러오기도 하는 것이 인생사이기 때문이다.

아들이 초등학교에 다니면서 아내도 덩달아 바빠졌다. 아내는 학부모가 되어 엄마들과 모여 친교를 나누었다. 아내는 아들과 함께 매달 한 번씩 역사 답사를 다녀오기도 했다. 요즘 아내는 그 시절을 떠올리며 추억에 젖기도 한다. 그때를 되돌아보면 정말이지 부모가 자녀와 함께 보내는 시간은 청춘이 지나가는 것만큼 빨리 지나가는 것 같다. 아내는 아들이 중고등학교에 진학하면서 함께 보낸 시간이 별로 없었다며, 그 시절이 참으로 소중했다고 입버릇처럼 말한다.

단독주택에
살다

어느 날 나와 아내는 다시 이사를 가기로 했다. 전세금은 턱없이 부족했지만, 문득 단독주택에서 살고 싶은 생각이 간절했다. 늦가을에 낙엽이라도 태울 수 있는 작은 마당이 있는 집에 살고 싶었다. 혹은 문을 열고 나오면 바로 마당이 있는 그런 집에 살고 싶었다. 오랫동안 아파트에서 생활하면서 삶의 피로감을 더없이 느끼고 있었다. 아내도 같은 생각이었다. 일산에서 단독주택이 잘 조성되어 있는 곳으로 무작정 찾아갔다. 부동산중개소에 갔더니 급하게 나온 집이 있는데, 전세금을 조정할 수 있다고 했다. 이 집이 고향집을 떠난 이후 26번째 집이다.

단독주택으로 이사 온 늦가을의 어느 날, 나는 조그만 마당에 흩어져 있는 낙엽들을 모아 태웠다. 낙엽을 태우기가 그 얼마만이던가!

고등학교 시절에 국어 교과서에서 읽은 이효석의 「낙엽을 태우면서」
가 생각났다.

　"낙엽 타는 냄새같이 좋은 것이 있을까? 갓 볶아낸 커피의 냄새
가 난다. 잘 익은 개암 냄새가 난다. 갈퀴를 손에 들고는 어느 때까지
든지 연기 속에 우뚝 서서, 타서 흩어지는 낙엽의 산더미를 바라보며
향기로운 냄새를 맡고 있노라면, 별안간 맹렬한 생활의 의욕을 느끼
게 된다. 연기는 몸에 배서 어느 결엔지 옷자락과 손등에서도 냄새가
나게 된다."

　나는 그날 이효석이라도 된 양 마냥 뿌듯했다. 아들은 이웃집을
드나들며 친구나 형들을 사귀었다. 골목을 누비면서 뛰놀던 아들은
어느 날 집으로 돌아오는 길에 그만 앞으로 자빠졌다. 아내는 그 소식
을 듣고 부랴부랴 달려갔다. 얼굴을 크게 다칠 수도 있었는데, 다행히
최악의 상황은 면했다. 지금도 아내는 그때만 생각하면 정신이 아찔
하다고 이야기한다. 아이를 키우다 보면 뜻하지 않는 사고를 당하게
되는데, 아들은 지금까지 건강하게 자라주었다.

　나는 이 집에서 아들에 대한 본격적인 육아에 나섰다. 초등학교
3학년 아들에게 그림책을 읽게 하고 그 줄거리를 말하게 했다. 이때
나는 깜짝 놀랐다. 그림책 마지막 페이지에 줄거리를 여러 장의 그림
으로 구성해 놓았는데, 아들에게 그 그림을 보면서 줄거리를 재구성하
면서 말하게 했다. 아들은 뜻밖에도 완벽하게 그 내용을 말했다. 그렇
게 50권에 이르는 시리즈를 모두 읽고 나에게 줄거리를 들려주었다.

나는 그때마다 아들이 내 무릎에 발을 디디면서 올라오게 하고 안아주었다. 얼마 지나지 않아 아들을 안아주지 못할 거라는 생각이 들었다. 정말 그 시간은 생각보다 빨리 찾아왔다. 아들이 10번의 겨울을 겪자, 그 이후에는 아들을 안아주지 못하게 되었다. 또 아들이 등교할 때 아들의 손을 꼭 잡고 교문 앞까지 데려다주었다. 지금 생각해보면 그런 날이 왜 그렇게 많지 않았는지 아쉬움이 밀려온다. 아들은 조금 걸어가서는 뒤돌아서서 나에게 손을 흔들었다.

이 집에서는 마당에 진돗개를 키웠다. 아들은 자신이 개를 먹이고 개똥도 치우겠다고 했다. 우리 부부는 개를 별로 좋아하지 않았지만, 아들의 말을 믿었다. 개집도 구입하고 개 사료도 샀다. 하지만 개똥 치우기는 언제나 내 몫이었다. 여름 장마철에 개똥을 치우는 것은 정말이지 고역이었다. 개 키우기에 서툴렀던 우리는 회의 끝에 개를 팔기로 했다. 학교에서 돌아온 아들은 개가 없어진 것을 알고 눈물을 글썽거렸다. 다음 날 학교에서 개 이야기가 나오는 대목이 있었는데, 그만 아들은 고개를 책상에 묻고 울었다고 한다.

고향집에는 개와 고양이가 있었다. 시골에서 개는 묶여 있지 않아 개를 키우기가 편했다. 고양이도 쥐를 잡아 재롱을 부리기도 했다. 한번은 고양이를 산 너머 동네에 팔았는데, 그 먼 산길을 넘어 고향집에 다시 왔다. 모두 고양이를 영물이라고 했다.

이 집에 살면서 아들에게 무섬증을 안겨준 것 같아 지금도 마음이 무겁다. 아들이 무슨 잘못을 했는지 기억나지 않는데, 한밤중에 벌

을 준다는 게 정발산에 올라가 정자인 평심루에 이름을 쓰고 오라고
했다. 아들은 아빠의 불호령을 거역하지 못하고 혼자 산에 올라갔다.
나는 아들이 염려되어 뒤를 밟았다. 아들은 곧장 정발산 정상 쪽으로
발걸음을 옮겼다. 산책로 중간에 가로등이 있었지만, 밤 11시가 지난
한밤중이어서 나도 무서웠다. 그때 나는 후회했지만 어쩔 수 없었다.

내가 뒤에 따라 오는지도 모른 채 아들은 멀찌감치 산 정상으로
올라갔다. 아들은 평심루 앞에서 어떤 사람을 만나 다행히 마음이 놓
였다고 한다. 평심루 계단에 이름을 적고 돌아오다가 나를 만났다. 그
때 아들을 꼭 안아주어야 했는데 그러지 못했다. 아버지와 자녀 관계,
특히 아들과의 관계는 생각보다 만만하지가 않다. 엄격하다고 좋은
것은 아니지만 마냥 가깝다고 좋은 것도 아닌 관계가 바로 아버지와
아들의 관계가 아닌가 싶다. 그래도 한밤중 무서운 산길을 올라 평심
루에 이름을 적고 아버지의 숙제를 완수한 아들을 안아주지 못한 게
지금도 후회스럽다.

단독주택은 예상외로 추웠다. 그도 그럴 것이 난방비가 문제였
다. 이 단독주택에는 도시가스가 들어오지 않아 석유로 난방을 해야
했다. 그 석유값이 만만치 않았다. 겨울에도 2층까지 난방을 할 수 없
어 1층만 해야 했다. 아파트 생활에 익숙했던 우리 가족에게는 힘겨
운 겨울나기였다.

나는 이 집에 살 때 자녀교육 작가로 이름을 떨쳤고, 수많은 강연
을 했다. 『5백년 명문가의 자녀교육』이 베스트셀러가 되었기 때문이

⇧ 『5백년 명문가의 자녀교육』이 출간되자마자 베스트셀러가 되어 나는 자녀교육 작가로 이름을 떨칠 수 있었다. 그 후 수많은 강연에 나가 강사로서 입지를 다졌다. 2008년 4월 대구경영자독서모임에서 강연 모습.

다. 나는 박사학위 논문을 준비하기 위해 1년간 휴직을 한 상태였는데, 때마침 출판사에서 이 책을 집필하자는 제안을 해왔다. 나는 휴직하면서 이 책의 원고를 집필하는 데 모든 시간을 투자했다. 그해 가을부터 전국을 돌며 명문가를 취재해 이듬해 늦여름에 출간할 수 있었다.

내가 신문기자 생활을 하면서 책을 출간할 수 있었던 것은 메모의 기술 덕분이었다. 어릴 적 나는 아버지가 매일 저녁 큰방에서 수첩에 무언가를 적던 모습을 어깨 너머로 보며 자랐다. 초등학생 때 나는 부모님과 동생과 함께 큰방에서 잤다. 아버지의 메모 수첩을 확인한 것은 아버지가 돌아가시고 난 후였다. 아버지의 유품을 정리하다가 발견한 수첩에는 자식들의 등록금을 마련하기 위해 빌린 돈의 내역까지 세세하게 기록되어 있었다.

나는 1998년에 첫 책을 낸 이후 20년 동안 40권 가까운 책을 펴냈다. 삶의 시간이 유한하다고 할 때, 어쩌면 성공의 기준은 다른 사람을 위해서가 아니라 자기 자신을 위해 쓸 수 있는 시간에 달려 있지 않을까? 그 시간 동안 세상에 한 줌 빛이 될 수 있는 글을 쓸 수 있다면, 충분히 성공적인 삶이라고 할 수 있다고 생각한다. 이때 메모하는 습관이 큰 도움이 된다는 것을 절실하게 깨달았다.

그런데 30대 초반까지 나의 꿈은 작가가 아니었다. 살다 보니 길은 어느 순간에 수정되고 있었다. 대니얼 레빈슨Daniel Levinson은 『남자가 겪는 인생의 사계절』에서 누구나 살아가면서 꿈을 '재배치'해야 한다고 주문한다. 꿈을 가지고 있고 그것을 적절한 위치에 재배치할 수 있으면 인생은 풍요로워지지만, 아무런 꿈도 갖지 않거나 꿈을 실현할 방법을 찾지 못한다면 인생의 진정한 목적이나 의미를 찾을 수 없다고 강조한다. 어느 순간 꿈이 사라졌을 때 그대로 삶을 지속한다면 '살아 있지만 죽은' 삶을 사는 것이다. 나 역시 지금까지 살아온 날들을 보면 중요한 시기마다 꿈을 수정하고 재배치하면서 새로운 꿈을 꿀 수 있었다.

빌라와
아파트에
살다

　　단독주택은 주인이 그 집을 매매하는 바람에 우리는 14개월 만에
다시 이사를 해야 했다. 단독주택 인근에 있는 빌라를 전세로 얻어 부
랴부랴 이사를 했다. 고향집을 떠난 이후 27번째 집이다. 당시 나는
신문사에 복직을 해서 다니고 있었다. 신문기자는 내 천직이었다. 지
금도 나는 다시 직업을 선택하라고 한다면, 신문기자를 택할 것이라
고 말할 수 있다. 누구든지 만나서 이야기를 들을 수 있는 직업은 그
리 흔하지 않기 때문이다. 물론 특종 경쟁은 다시 신문기자를 하더라
도 별로 하고 싶지 않지만, 그 외에 신문기자는 좋은 점이 더 많은 직
업이라고 생각한다. 나는 이 집에 이사 온 그해 봄에 신문사를 그만두
었다.

　　아직도 그날의 기억이 새롭다. 정기 인사 개편을 며칠 앞두고 지

금이 신문사를 그만둘 적기라고 생각했다. 그때 대학원 박사학위 논문을 준비하고 있었다. 무엇보다도 그 학기에 심사에 통과하려면 집중해서 논문을 써야 했다. 신문사에 다니면서 논문을 쓴다면 이도저도 안 될 것 같았다. 다행히 복직하기 전에 썼던 『5백년 명문가의 자녀교육』이 베스트셀러가 되면서 아내의 의구심도 누그러져 있었다. 아내는 작가로 살아가는 것이 매달 일정한 수익을 낼 수는 없지만, 장기적으로 인생 2막의 직업으로서는 괜찮다는 생각이 들었다고 했다.

아내의 동의를 얻고 나는 용감하게 사표를 낼 수 있었다. 사표를 내고 회사를 나와 그날 내가 졸업한 대학교 뒷산인 안산에 갔다. 안산은 내가 결혼 전에 자취를 하던 집에서 가까이 있어 거의 매일 산책하는 곳이었다. 그런데 그날은 매일 가던 산책길을 벗어나 다른 길로 들어섰다. 한 번도 가보지 않았던 그 길을 가다 보니 지금까지 다닌 길보다 근사하게 다가왔다. 때마침 4월의 봄날이어서 개나리며 벚꽃이며 진달래가 만개해 있었다. '그래, 가지 않은 길을 한번 가보는 거야! 이 산책로가 생각보다 훨씬 근사한 것처럼 내가 앞으로 가고자 하는 길도 근사할 거야!'

지금 생각해보면 마흔 초반에 잘 다니던 신문사를 그만두고 새로운 길에 도전한다는 것이 결코 쉬운 결정은 아니었다. 지금과 비교해보면 그때는 정말 혈기방장한 젊은 날이었으니까 말이다. 물론 지금의 시기도 먼 훗날에는 그때가 정말 젊은 시절이었다고 되뇌일 수 있을 테지만 말이다.

⚐ 2006년 봄 정기 인사 개편을 며칠 앞두고 나는 신문사를 그만두었다. 작가로서 인생 제2막을 용감하게 시작한 것이다. 신문기자 시절 중국 곡부曲阜 일대 취재 때의 모습.

    박사학위 논문을 쓰고 난 후 본심을 기다리면서 그동안 준비해
둔 책을 탈고할 수 있었다. 박사학위 논문을 쓰기 위해 많은 에너지를
쏟아부었지만, 책은 10일 만에 쓸 수 있었다. 예전 신문기자 시절에
서울대학교 이면우 교수(현재 울산과학기술대학교 석좌교수)를 연구실에
서 인터뷰한 적이 있었다. 흔히 연구실에서 볼 수 있는 책장이 없었고
책상뿐이었다. 대부분 교수들은 연구실에 읽지도 않는 원서들을 잔뜩
장식해놓았는데, 이면우 교수는 책장조차 없었다. 책장이 되레 연구
에 방해가 된다고 말했다. 그때 이면우 교수는 『W이론을 만들자』라
는 책을 단 하룻밤 만에 탈고했다고 했다. 탈고한 후에 머리가 하얗게
샜다고 했다.

    그때 나는 집중한다면 무엇이든지 할 수 있다는 생각이 들었다.
나는 『세계 명문가의 자녀교육』을 10일 만에 탈고할 수 있었는데, 그
때 이면우 교수의 이야기를 생각했다. 정신을 집중하고 몰입해서 책
을 쓰면 흐름이 끊기지 않고 물 흐르듯이 이어질 수 있었다. 물론 자
료를 1년 동안 준비했기에 가능한 일이었다.

    이 집에 살 때 아내와 가끔 인근에 있는 막걸리집에 가기도 했
다. 안주인이 통기타를 치며 분위기를 띄워 소문난 막걸리집이었다.
또 영화를 보러 가기도 했다. 이때부터 아내와 영화를 보았다. 그전에
는 직장일이 바빠 도통 아내와 영화를 볼 시간조차 갖지 못했다. 아들
은 이곳에서 또래 친구들과 자주 놀았다. 아들이 천진난만하게 놀던
시기는 아마 이때쯤이 마지막이 아닌가 싶었다. 나는 신문사를 그만

두고 홀로서기에 나서면서 다시 무한경쟁으로 뛰어들었다. 작가로서 홀로 서야 했기 때문이다.

나는 다시 아내의 학원이 있는 근처 아파트로 이사를 했는데, 고향집을 떠난 이후 28번째 집이다. 이 집에서는 7개월 정도 살았다. 짧은 기간인 만큼 기억도 거의 없다. 책을 둘 곳이 없어 거실 출입구 옆에 책꽂이를 설치하기도 했다. 강의를 자주 나가던 때였는데 강의 전날 파워포인트를 정리하던 기억이 새롭다. 이 집에 살 때 조카가 와서 아내가 운영하는 학원에서 영어를 배웠다. 큰집 조카들은 모두 고등학교 2학년 겨울방학 때 집에 와서 아내에게 영어를 배우거나 학원에 다녔다.

다시
내 집을
마련하다

고향집을 떠난 이후 28번째 집에 살 때 예기치 않은 일이 벌어졌다. 여름이 되어 가양동 아파트에 전세를 살고 있는 세입자가 전세 기간인 2년을 채우지 못하고 이사를 하게 되었다. 결국 우리가 그 집에 들어가기로 했다. 당시 새 아파트를 구입해 2년 거주 요건을 충족하지 못하면, 매매할 때 양도세를 많이 물어야 했다. 그래서 급하게 이사를 했다. 아들은 초등학교 6학년이었는데 다시 전학을 해야 했다. 사실 아들은 잦은 이사로 인해 초등학교를 세 번이나 옮겨야 했다. 지금 생각하면 아들에게 미안한 마음을 금할 수 없다.

가양동에 있는 아파트는 두 번째로 구입한 내 집이다. 고향집을 떠난 이후 29번째 집이다. 이 아파트 단지에 입주가 시작되었을 때 나는 아내와 함께 현관문 열쇠를 받아 아파트에 들어가 조촐하게 내 집을 마련한 것을 자축하는 파티를 했다. 그 기분이란 뿌듯한 감정 그 이상이라고 할 수 있다. 내 집을 갖는다는 것은 살아가면서 한두 번에 불과할 것이다. 그리고 지나고 보면 집을 갖는 그 순간은 인생의 전성기였음을 알 수 있다.

그 중심에는 가족이 있다. 가족이 없다면 집을 갖는 것은 큰 의미가 없을 것이다. 한 사람이 지낼 수 있는 공간이면 충분하기 때문이다. 배우자가 있고 자녀가 있다면 행복을 누릴 수 있는 아늑한 공간이 필요하다. 집을 사게 되는 것은 바로 이러한 욕망이 깃들어 있다.

처음 빌라를 구입했을 때는 그곳에서 영원히 살 수 있겠다는 생각마저 들었다. 비단 나뿐만 아니라 아내도 그랬다. 집이 있다는 그 자체만으로도 행복한 기분이 들었다. 가양동 아파트를 분양 받고 현관문 열쇠를 받았을 때는 부자가 된 것 같았다. 전세를 놓을 수 있어 집주인의 기분을 만끽할 수 있었다. 세입자로 오래 살다 보면 집주인이란 존재는 늘 염원의 대상이다.

이 집을 구입할 때 계약금만 주었기 때문에 입주할 때 중도금과 잔금을 모두 해결해야 했다. 다행히 내가 쓴 『세계 명문가의 자녀교육』이 베스트셀러가 되면서 큰 부담 없이 해결되었다. 물론 대출을 받긴 했지만 말이다. 이 집을 분양 받을 때 중도금과 잔금에 대한 계획을 제대로 세울 수 없었다. 아마도 그랬다면 이 집을 분양 받을 수 없었을 것이다. 하지만 운 좋게도 해결이 되었다. 나는 지난날들을 돌이켜보면 행운이 따랐다는 생각이 든다. 물론 최선을 다해 살아왔지만 말이다. 어쩌면 노력은 3할에 불과할지도 모른다. 하지만 행운을 얻기 위해서는 언제나 준비를 게을리하지 않아야 한다. 늘 노력하고 애써야 한다. 그럴 때 행운도 찾아오는 법이다.

　행운은 그것을 기다리는 사람에게 오는 게 아니다. 재테크든 인생의 성공이든 원하는 바를 이루기 위해서는 기회를 찾아야 한다. 그 기회를 행운으로 만들 수 있느냐는 준비와 끈기에 달려 있다고 해도 지나친 말이 아니다. 준비와 끈기가 부족하다면 기회를 잡아도 행운은 따라오지 않을 테니까 말이다. 반면 끈기 있게 준비해도 기회를 엿보면서 너무 신중하면 행운이 달아날 수도 있다.

　나는 이 집에 이사 와서 텔레비전을 없앴다. 안방은 서재로 바꾸고 문간방을 안방으로 사용했다. 아들은 서재 앞 작은방을 사용했다. 저녁에 아들에게 영어 단어를 원음으로 들려주고 단어 시험을 보기도 했다. 그래서인지 아들은 영어 시험에서 듣기평가를 아주 잘했다. 또 아들은 수학을 좋아했는데, 과외 선생님이 이 집에 와서 직접 가르쳐주기도 했다.

　이 집에 이사 오고 나서 아들과 자주 아파트 단지에서 배드민턴을 쳤다. 인근 궁산에 올라 소악루 앞에서 치기도 했다. 그러다 날이 추워지면서 뜸해졌고 더는 지속되지 못했다. 아들은 다른 아빠와 아들이 캐치볼하는 것을 보고서 우리도 캐치볼을 하자고 졸랐다. 그래서 아들과 함께 마트에 가서 야구 글러브와 볼, 배트를 구입했다. 그날 아파트 옆 놀이터에서 캐치볼을 했는데 위험하기도 해서 조금 하

⌂ 나는 가양동 아파트로 이사 와서 궁산에 올라 아들과 함께 배드민턴을 치기도 했
다. 궁산 정상에 있는 소악루.

다가 말았다. 그 이후로 한 번도 하지 못했다. 지금 생각해보면 왜 그때 아파트 옆에 있는 중학교 운동장으로 가서 캐치볼을 못했는지 한스럽기만 하다. 그 시절은 다시 돌아올 수 없는데 말이다. 한두 번 아들과 함께 중학교 운동장으로 가서 축구공을 찬 기억이 난다. 그것도 한두 번으로 그쳤다.

이 집 거실 베란다에서 보이는 전망은 아주 좋았다. 햇볕도 잘 들어 겨울에도 따뜻했다. 그래서 글을 쓸 때 종종 베란다에서 생각을 정리하기도 했다. 한번은 칼럼을 쓰고 있는데 갑자기 숨을 못 쉴 정도로 옆구리에 통증이 왔다. 급히 아내와 함께 택시를 타고 병원으로 갔다. 급성 신장결석이었다.

아파트와 빌라에서 산 지 20년이 넘었지만, 그중에서 전세로 살던 집보다 내 집에서 살 때의 기억이 풍요롭다. 그것은 어떤 기억의 작용인지 모르겠지만, 아마도 내 집과 전셋집의 차이가 아닐까 싶다. 아파트나 빌라는 전세로 살면 2년이나 4년 정도로 한시적으로 머물 공간이다. 그런데 내 집은 꼼꼼히 따져보고 구입을 하고 취득세도 내고 등기도 해야 하기에 애착이 남다를 수밖에 없다. 투자의 차원을 염두에 두고 구입한 것이라 해도 내 집에 대한 생각은 전셋집과는 비교할 수 없을 것이다.

아들은 이 집에서 사춘기를 보냈다. 중학교 2학년이 되었을 때 아들은 벌써 내 키와 맞먹었다. 하지만 체구와 달리 아들은 앳된 소년이었다. 아들은 또래들과 달리 유난히 앳돼 보였다. 그때 인근에 장인

장모님이 사셨다. 아내가 학원 강의로 바쁠 때는 장모님이 와서 외손
자 저녁을 챙겨주었다.

　　나는 이 집에 살면서부터 가족과 식사를 제대로 못하게 된 것 같
다. 나는 나대로 저술가로 홀로서기에 바빠 거의 매일 도서관에서 살
다시피 했다. 아마도 내가 결혼한 이후 가장 아쉬웠고 노력했지만 잘
안 된 게 있다면 바로 가족과의 식사가 아닌가 싶다. 고향집에 살 때
는 늘 가족이 함께 모여 식사하는 게 일상다반사였는데 말이다. 어쩌
면 집에서 가족끼리 식사하는 모습이 가장 전형적이고 행복한 풍경이
아닐까 싶다.

다시
아파트에
살다

아들이 중학교 3학년이 되자 나와 아내는 고민이 생겼다. 당시 가양동에 있는 중학교에서 졸업을 하면 인근에 있는 고등학교로 배정을 받았다. 그런데 그 학교는 이제 막 공업고등학교에서 인문계 고등학교로 전환된 학교였다. 마음이 다급해졌다. 다시 일산으로 이사 가기로 했다. 아들을 설득하고 이삿짐을 꾸렸다. 아내가 수소문을 해서 학업 분위기가 좋은 중학교를 찾아냈다. 그 지역으로 이사를 가면 인근에 있는 좋은 고등학교에 배정 받을 수도 있다고 했다.

이사를 간 아파트는 내가 대학교에 다닐 때 카페촌이 형성되어 있던 곳이었다. 고향집을 떠난 이후 30번째 집이다. 추억이 깃든 곳으로 이사 와서인지 아침이면 즐겁게 산책을 했다. 그런데 지금 생각해 보면 이 집에서 살던 1년 남짓한 기간은 도무지 별다른 기억이 없다.

텔레비전이나 라디오가 제대로 켜지지 않았을 때의 화이트노이즈 white noise(백색 소음)처럼 머릿속이 하얘져 아무 생각이 나지 않는다. 그 아파트를 생각하면 어느 봄날 경의선 전철을 타고 파주에 있는 어떤 전문대학에 바람을 쐬러 갔던 기억만 떠오른다.

이 집에 살 때 아들이 등교하기 전에 우리 가족은 정발산까지 함께 올라갔다가 내려왔다. 아들도 흔쾌히 산에 올라갔다가 내려와 등교를 했다. 그렇게라도 아들과 아내와 시간을 보내고 싶었다.

아들은 다행히 학교에 잘 적응했다. 그리고 담임선생님이 좋은 선생님이라며 잘 따랐다. 아내가 담임선생님과 면담을 했는데, 아들의 면면에 대해 잘 지도해준다는 느낌을 받았다고 했다. 나도 학창 시절을 떠올리면 존경할 만한 교사가 별로 떠오르지 않는다. 중학교와 고등학교 때 각각 한 분이 나에게는 좋은 선생님으로 남아 있다. 특히 고등학교 3학년 때 담임선생님은 잊을 수 없다.

당시 학교 새마을금고에서 학생들에게 매달 500원씩 저축을 하라고 했다. 고학생이나 다름없던 나는 저축을 하지 못했다. 하루는 담임선생님이 나를 불러 자신이 저축을 대신 해줄 테니 나중에 갚으라고 했다. 나는 그 덕분에 화장실 청소를 면할 수 있었다. 저축을 하지 않으면 화장실 청소 당번이었기 때문이다. 지금도 선생님의 세심한 배려를 생각하면 고마울 따름이다. 나는 공부에 전념할 수 있었고 원하던 대학에 장학금을 받고 진학할 수 있었다. 졸업식을 한 이후에 나는 선생님 댁에 찾아가 그 돈을 돌려드리고 감사한 마음을 전했다.

⌂ 우리 가족은 아들이 등교하기 전에 함께 정발산 정상까지 올라갔다가 내려왔다. 그렇게라도 가족과 시간을 보내고 싶었다. 정발산 정상에 있는 평심루.

아들은 그 담임선생님을 고등학교에 진학해서도 한동안 스승의 날에 찾아가기도 했다. 학창 시절에 선생님의 역할은 아무리 강조해도 지나치지 않을 것이다. 자칫 마음에 상처를 주는 말이나 처신을 한다면 그 학생은 내면의 상처를 입게 되기 때문이다.

이 집에 살 때 러시아에 살고 있는 동생이 가족들과 장인(러시아인)까지 모시고 여행을 와서 며칠간 묵었다. 그런데 아파트가 제대로 난방이 안 돼 실내 온도가 낮아 작은방에서 온 가족이 함께 잤다. 러시아는 최대 가스 산유국인 만큼 모든 아파트에 난방을 중앙난방으로 공급한다. 겨울철에 반소매를 입을 정도로 난방을 잘해준다고 한다. 언젠가 미국에 출장 가서 민박을 한 적이 있는데, 너무 추워 혼이 난 적이 있었다. 거실에도 냉기가 흘렀다. 그런 점에서 우리나라의 아파트는 대체로 난방이 잘 되어 있는 편이다. 그러나 러시아인들이 보기에는 그래도 러시아의 아파트보다는 훨씬 추운 모양이다.

정주의
꿈을
꾸다

아들이 고등학교에 배정을 받았는데, 우리 부부는 그만 고민에 빠졌다. 아들이 배정 받은 고등학교는 아파트 인근에 있어 등하교에는 편리했지만, 수업 분위기가 엉망이라는 평가가 자자했기 때문이다. 심지어 수업 중에 남녀 학생이 부적절한 행동을 해서 무리를 일으켰던 것으로 소문이 나 있었다. 그때 아내는 서울에 있는 사립고등학교에 재배정을 받을 수 있다고 했다. 급한 마음에 부랴부랴 그 학교를 알아보았는데, 남산이 보이는 위치에 있어서인지 호연지기의 기운이 느껴지는 듯했다. 그런데 시간이 촉박해 아파트를 구해 이사하기가 힘들었다.

일산에서 살다가 서울에 전세를 구하려니 금액이 만만치 않았다. 결국 전세 대출을 받고 여기에 월세도 곁들인 반전세로 홍은동에 있는 아파트로 이사를 했다. 고향집을 떠난 이후 31번째 집이다. 나는 인왕산을 산책할 수 있어 좋았는데, 아들은 오르막길을 힘겹게 걸어 올라와야 한다며 투덜거렸다.

아들은 입학 후에 첫 시험을 치렀는데 기대 이상의 성적을 올렸다. 나와 아내는 고무되어 잘하면 나중에 아들 자랑도 할 수 있겠다 싶었다. 아들은 새벽같이 등굣길에 올라 야간자율학습을 마치고 11시가 넘어야 집에 돌아왔다. 가끔 나는 아내와 함께 아들을 데리러 가기도 했다.

그런데 아들은 어쩐 일인지 여름에 전정신경염에 걸려 학업에 지장을 줄 정도였다. 담임선생님과 사소한 오해가 발단이 되었는데, 아들은 전학을 시켜달라고 요구했다. 나는 아들에게 견딜 수 있으면 전학하지 말고 계속 다니라고 했다. 아들은 1학년이 끝날 때까지 별일 없이 다녔다. 전정신경염은 1학년이 끝날 때쯤 거의 치료가 되었다.

그런데 아들이 2학년 반 배정 소식을 들고 집에 온 날, 우리 가족은 한동안 말문을 잃었다. 1학년 담임선생님이 2학년 담임을 맡게 되었기 때문이다. 처음에 아들은 괜찮다고 했지만 부모로서는 마음이 무거웠다. 아들은 더는 견딜 수 없었던지 기어이 전학을 가야겠다고 했다. 나는 한 번 더 만류했지만 소용없었다. 수소문 끝에 은평뉴타운에 있는 고등학교로 전학을 했고 그곳으로 이사를 했다.

아들의 전학 덕분에 계획에도 없던 은평뉴타운에 살게 되었다. 고향집을 떠난 이후 32번째 집이다. 물론 예전에 이곳에 전세를 알아본 적은 있었지만, 내가 살게 되리라고는 생각하지 못했다. 그런데 은평뉴타운에 살게 되면서 우리의 주거 계획도 크게 변경되었다. 그것은 바로 근처 한옥마을에 집을 짓겠다는 꿈을 꾸게 된 것이다.

아이가 태어나면서부터 변화의 조짐이 보였다. "제가 아들의 사주를 본 적이 있는데요. 아들이 우리 가족을 부자로 만들어주기 위해 양수를 터뜨리면서까지 일찍 나왔대요." 하루는 아내가 뜬금없이 이런 말을 했다. 그러고 보니 그럴 만하다는 생각이 들었다. 사주란 과학적 근거가 없는 운명론적인 것이라고 하더라도 아내의 말을 듣노라면 절로 기분이 좋아진다.

"용띠 아버지에 쥐띠 아들이 태어나면 집안에 복을 불러온대요!" 또 아내는 이런 말도 했다. 물론 이 또한 허무맹랑한 미신일 수 있을 테지만, 그래도 들으면 절로 기분이 좋고 행복해진다. 아들이 복을 불러온 덕분인지 신문사를 그만두고 작가로 새 출발한 나는 베스트셀러를 잇달아 냈다.

하루는 동네 주변을 산책하다가 은평한옥마을 미분양 소식을 접했다. 우리 부부는 상의 끝에 가장 작은 필지를 분양 받았다. 북한산 자락 끝에 있어 자연환경이 우리가 노후를 보내기에 안성맞춤이라고 여겨졌기 때문이다. 처음에는 비싼 분양금에 불가능한 것처럼 보였는데, 지금은 이렇게 한옥마을에 살고 있다. 고향집을 떠난 이후 33번째 집이다. 서울에서 한옥살이를 꿈꿀 수 있게 된 것이다. 이 또한 따지고 보면 아들의 전학 덕분이 아닐까? 말하자면 우리 집은 아들의 전학

⌂ 채효당은 내가 고향집을 떠난 이후 33번째 집이다. 우리 가족뿐만 아니라 후손들이 세대를 이어 채효당에서 살아갔으면 하는 바람이다. 은평한옥마을 전경. 저 멀리 북한산이 보인다.

으로 전화위복이 된 셈이다.

　　우리 부부는 "무슨 조화인지 모르겠지만 우리가 한옥까지 짓게 된 것은 아들 덕이 큰 것 같고 어쩌면 아들의 사주풀이가 맞는 것 같다"라고 이구동성으로 말했다. 아들도 우리의 이런 덕담에 기분이 좋은지 즐거워했다. 나는 한옥마을에서 여생을 보낼 계획이다. 내가 살고 있는 한옥마을은 인근에 산책이나 기분 전환을 할 수 있는 명소들이 즐비하다. 심심할 때 좋은 경치를 구경하면 몸과 마음도 새로워지면서 힘을 얻고 힐링을 할 수 있다.

　　우리 부부는 자주 삼천사三千寺에 가서 점심 공양을 한다. 공짜로 밥을 먹기가 마음이 편치 않아 생일이나 결혼기념일, 아들 군 입대 등 집안의 대소사가 있을 때 쌀 한 포대씩 공양을 한다. 그러면 절에 가도 마음이 편하다. 절밥을 선호하는 것은 조미료를 사용하지 않아 먹고 나면 배가 편하기 때문이다.

　　한옥을 지었으니 새집 짓고 인색하다는 말은 안 들어야겠다는 다짐을 했다. 무엇보다 우리 집을 부자 되게 하기 위해 일찍 태어났고, 더욱이 뜻하지 않았지만 전학을 와서 한옥까지 짓게 한 아들은 종종 친구들을 데리고 집에 온다. 나와 아내는 아들 친구도 아들이라며 정성껏 음식을 차려준다. "여보, 우리가 죽으면 우리를 조문할 사람 중에서 가장 중요한 사람이 바로 아들 친구예요!" 아내는 이런 말을 하기까지 한다. 에쿠니 가오리江國香織의 소설 『도쿄 타워』를 보면, 아들 집에 찾아오는 친구들을 위해 음식을 한껏 차려주는 노모가 나온다. 나는 아내와 함께 다짐했다. "우리도 아들 친구들이 집에 오면 저렇게 맛난 음식을 차려줍시다."

우리 가족은 이곳을 정주의 공간으로 삼으려고 한다. 도시에서 정주의 삶을 산다는 것은 거의 불가능할지도 모른다. 개발이나 직장으로 인한 이사 등으로 한곳에 머물러 살기란 좀체 힘들다. 그래도 우리 부부는 아들에 이어 그 후손들도 세대를 이어 채효당에서 살아갔으면 하는 바람이다. 인간관계의 단절은 갈수록 더욱 심해질 것인데, 그 이유는 우리 사회의 주거 문화가 아파트가 대세라는 데서 충분히 물증을 찾을 수 있지 않을까 싶다.

나는 결혼하고 나서 매년 연말쯤 가족사진을 찍겠다고 아내에게 다짐했지만, 번번이 공수표가 되고 말았다. 결혼 후 가족사진은 아들이 초등학교에 들어가기 전 단 두 번밖에 없었다. 그 후 마지막으로 전세살이를 했던 아파트에서 가족사진을 찍었고, 아들을 군대에 보내기 전에 가족사진을 찍었다.

시골에서 태어난 베이비붐 세대들이 그렇듯이 나는 가족사진이 없다. 가족사진을 찍으려면 면 소재지나 읍내로 나가야 하는데, 아버지에게 그럴 만한 시간은 없었다. 아버지는 내가 다닌 초등학교와 중학교에서 육성회 간부를 지냈는데, 그때 야유회에 가서 찍은 사진이 유일한 아버지 사진이다. 이제는 사진으로만 아버지를 볼 수 있을 뿐이다. 늘 바쁜 아버지는 가족사진을 남겨놓지 않았다. 아버지는 너무 부지런히 일만 하시다가 무심하게도 가족사진 한 장 남기지 않으셨다.

⌂ 나는 결혼하고 나서 매년 연말에 가족사진을 찍겠다고 아내에게 다짐했지만, 번번이 그렇게 하지 못했다. 2017년 9월 아들이 군대에 가기 전날 채효당을 배경으로 우리 가족은 사진을 찍었다.

2017년 9월 중순, 한옥 입주와 아들 군 입대 기념으로 가족사진을 찍었다. 뭐가 그리 바쁘게 살았는지 아쉬움이 남는다. 물론 그동안 아들과 도보여행을 하면서 찍은 사진은 많지만, 전문 사진사에게 부탁해서 찍기는 이번이 네 번째다. 우리 부부에 이어 아들이 앞으로 이 집에서 더 멋진 꿈을 꾸며 결혼을 해서 밝고 환한 인생을 살아가기를 기원해본다. 그리고 우리 부부에게도 더 행복한 봄날들이 지속되기를 바란다.

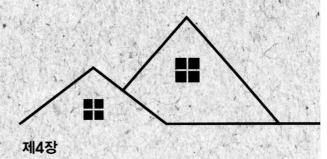

제4장

집을
짓다

정지용은 「고향」에서 이렇게 노래했다. "고향에 고향에 돌아와도 / 그리던 고향은 아니러뇨 / 산꿩이 알을 품고 / 뻐꾸기 제철에 울건만." 나도 언젠가 고향에 가서 이런 기분을 느낀 적이 있다. 그럴 때마다 오히려 고향은 낯설어진다. 예전의 모습이 다 사라진 고향은 고향이 아니기 때문이다. 정지용은 밀물처럼 밀려오는 산업화를 체감하며 변모해가는 고향을 안타까운 시선으로 바라보고 있다. 정지용은 「옛이야기 구절」이라는 시에서 "집 떠나가 배운 노래를 / 집 찾아오는 밤 / 논둑길에서 불렀노라. / 나가서도 고달프고 / 돌아와서도 고달팠노라"고 노래했다.

"흐릿한 불빛에 돌아앉아 도란도란거리는 곳"을 노래한 정지용의 「향수」는 우리 사회가 1930년대에 농촌의 해체와 고향의 해체가 시작된 풍경을 담아냈다. 이때부터 우리나라에 산업화가 시작되면서 고향을 떠나 타향에서 삶을 꾸려가는 사람들이 생겨나기 시작했다. 향수라는 단어도 고향을 떠나는 사람들이 늘어나면서 시에도 등장하기 시작한 것이다. 정지용도 일본에 유학을 갔다오면서 느낀 고향에 대한 향수를 담은 것이 바로 「향수」라는 시다.

이 시가 등장하면서부터 본격적으로 향수의 정서가 사회적으로 동경과 연민의 감정을 불러일으키게 된다. 그전에는 대부분 사람들이 한곳에서 일생을 보내는 정주의 삶이 지배했다. 나는 그로부터 40년 후인 1970년대 말 농경사회의 마지막 자락에서 고향의 상실을 경험했다. 동구 밖에 떠들썩하던 아이들의 소리도, 기와집도, 초가집도, 슬레이트집도 이제는 고향에 없다.

어쩌면 내게는 새로운 고향이 필요했는지 모른다. 북한산 자락에 한옥을 짓게 된 것은 참으로 우연이었다. 2014년 10월 초 은평한옥마을에 땅을 매입한 것이 계기였다. 그보다 은평뉴타운에 살게 된 계기도 우연이었다. 아들이 이곳에 있는 고등학교로 전학을 오면서 덩달아 이사를 왔다. 한옥마을 부지 바로 인근 아파트에 살고 있어 이곳을 매일 산책하다시피 했다. 처음 분양 공고를 보고 너무 비싸 아쉬움을 뒤로 하고 마음을 접어야 했다.

그런데 몇 개월 후 미분양 공고가 났다. 그날 우연히 자동차를 몰고 볼 일을 보러 가는데 분양 사무실이 들어서 있는 것을 보았다. 대뜸 전화를 걸어 "가장 싼 땅이 얼마입니까?"라고 물었다. 나는 그 길로 아내와 상의를 하고 계약금을 걸었다. 물론 땅을 구입할 수 있는 여건이 되었던 것은 아니다. 무턱대고 계약을 한 것이다. 결코 적은 금액이 아닌데도 어떻게 하면 장만할 수 있겠다는 막연한 생각이 들었다. 아내는 "그때 당신이 땅을 안 사기를 은근히 바랐어요. 뒷감당을 하는 게 너무 벅차다는 생각이 들어 솔직히 망설여졌어요"라고 말했다.

2015년 9월 초 북촌HRC와 다른 유명 건축사무소에 전화를 해서 설계를 문의했는데, 우연인지 모르겠지만, 그날 북촌HRC의 김장권 대표가 직접 전화를 받았다. 다음 날 북촌에 있는 그의 사무실에서 상담을 하기로 했다. 김장권 대표는 나와 동년배였다. 그래서인지 만나자마자 이내 오랜 친구를 만난 듯했다. 건축업계에서는 '착한 시공사는 없다'는 말도 있는데, 김장권 대표와는 지금까지 만남을 이어오고 있다. 나에게는 행운이었다.

김장권 대표와 상담을 하고 나서 집짓기에 대한 생각이 달라지기 시작했다. 한옥에 대해 눈이 점점 뜨여갔다고 할까? 하지만 그럴수록 눈은 높아지고 건축비는 껑충 뛰고 또 뛰었다. 그런데 '어떻게 되겠지' 하는 생각과 함께 건축비가 올라갈수록 느긋한 마음도 들었다. '집을 지으려면 제대로 지어야지. 내가 언제 또 집을 지을 수 있을까?' 하는 생각이 떠나지 않았다. 어떤 집짓기의 열정 혹은 사명감 같은 것이 생기기 시작했다고 할까? 김장권 대표는 내가 이리저리 방황하고 갈피를 잡지 못할 때 "그래도 한번 제대로 지어봅시다. 어찌 되겠지요"라며 나를 토닥거리며 식어가는 열의에 기름을 부어주었다. 지금 생각하면 김장권 대표의 이런 응원이 하염없이 감사할 따름이다.

김장권 대표에게 설계를 맡기기로 결정했다. 설계는 1년 정도 걸려 2016년 9월 구청의 심의를 마쳤다. 수정을 5번 정도 거치면서 처음 예상했던 것보다 크게 바뀌었고 평수도 45평으로 늘어났다. 2층과 지하층에 대한 생각도 덧붙여지면서 욕심이 커지기도 했고 다시 줄어들기도 했다. 그때마다 욕심만 앞선 건축주의 무모한 열정을 다독이며 이끌어준 김장권 대표에게 다시 한번 감사의 말씀을 드린다. 이윤도 못 챙기고 고생만 하게 한 것 같아 김장권 대표에게 거듭 미안하고 죄송할 따름이다.

2016년 10월 터파기 공사를 시작했다. 10월부터 12월까지 기초공사를 하고 겨울철에 공사를 중단한 후 2017년 2월 말에 다시 목구조 공사에 들어갔다. 김장권 대표는 기온이 영하로 내려가면 콘크리트 타설도 안 할 정도로 표준대로 시공했다. 3월 초에 상량식을 했고 기와 공사, 내부 수장재 공사 등을 거쳐 2017년 11월에 준공 승인이 났다. 계획상 준공은 5월이었는데 6개월 정도 공사가 연장되었다. 그 기간에는 하자 등을 발견하고 보완했는데, 6개월이 지체된 것이 오히려 집의 완성을 위해서 건축주에게 필요한 시간인 것 같았다. 이렇게 해서 은평한옥마을에 지상 2층의 채효당을 짓게 되었다.

이 땅을 사고 집을 지으면서 간절하게 염원하면 이루어진다는 말이 떠올랐다. 처음에는 아내의 말처럼 집을 당장 지으리라고 생각도 못했기 때문이다. 그러나 어렵게 건축비를 마련하고 집짓기를 시작해 완공을 하고

서 지금 이렇게 한옥에 살고 있다. 물론 대출금이 아직도 많이 남아 있지만 말이다.

제4장에서는 땅 매입부터 설계와 시공과 완공에 이르는 전 과정을 단상 형식으로 사진과 도면 등을 곁들여 한옥 짓기의 즐거움을 전한다. 실제 건축주가 한옥을 지으면서 기록한 메모를 읽다 보면 집짓기의 고통과 함께 즐거움도 생생하게 느낄 수 있을 것이다. 또 처음 설계가 어떻게 진화해가면서 변모했는지를 가늠해볼 수 있다. 그 과정에서 집이 단단해지고 한 점 빈틈이 없을 정도로 야무지게 된 것은 말할 것도 없다. 나는 행복한 건축주인 것 같다.

토지를
매입하다

분양 사무실에서 토지 매입 계약을 했다. 지금 생각하면 어떻게 일을 저질렀는지 모르겠다. 주변 사람들은 나보고 배포가 크다고 한다. 일단 저질러보는 게 후회하지 않을 것 같았다. 평수는 50평이 조금 모자란다. 집을 지을 수 있는 대지는 40평이고, 나머지 9평 남짓은 주차장 부지로 사용되는 조건이다.

김장권 대표와 상의해 집은 2층 한옥으로 짓되 1층은 18평, 2층은 8평, 지하층은 6~7평 정도의 아담하지만 깊은 집으로 짓기로 결정했다. 김장권 대표는 지금까지 200여 채의 한옥을 짓거나 리모델링을 해온 대표적인 한옥 건축가다. 국토교통부에서 공모하는 '올해의 한옥상'에 여러 차례 선정되었고, 특히 2012년 올해의 한옥상을 수상한 서울 인사동의 관훈재는 유명하다.

⬆ 나는 은평한옥마을에서 가장 평수가 작은 40평 대지에 집을 짓기로 결심했다.

    은평한옥마을은 서울에서 새로 조성되는 한옥마을이고 규모도
제한되어 있었다. 앞으로 단독주택은 점점 줄어들고, 한옥은 서울 북
촌의 리모델링이 성공적으로 끝나면서 더욱 인기가 있을 것 같았다.
예전에는 한옥이라고 하면 춥고 좁아 인기가 없었는데, 요즘에는 젊
은 세대들도 한옥에 살아보는 게 소원이라고 한다. 한옥에 대한 인식
이 바뀌면서 한옥도 사람들에게 인기를 끌지 않을까 기대해본다.

자금을
마련하다

나는 5년 후에나 집을 지을 계획이었지만, 그 계획을 조금 앞당겼다. 은평한옥마을에 한두 채씩 집이 들어서면서 집을 지을 수 있는 여건이 바뀌어가고 있었기 때문이다. 먼저 양평에 있는 땅을 담보로 대출을 받기로 했다. 집짓기에서 가장 중요한 것은 바로 공사비다. 대략적인 비용을 마련할 수 있어야 하는데 아직 많이 모자랐다.

농협에서 토지 담보로 대출이 가능하다고 연락이 왔다. 다만 이자가 좀 셌다. 집을 짓기 위해 설계를 시작하고 대출을 받아야 하는 상황에서 아내는 이자 부담으로 스트레스를 많이 받는다고 호소했다. 집을 제대로 짓는 게 이렇게 힘들까? 마음을 굳게 먹고 서로 응원하며 한번 해나가자고 아내를 다독이고 위로했다. 나는 아내의 응원이 있어야 힘을 내고 추진하는 일을 잘 해낼 수 있다고 말해주었다.

⬆ 나는 집을 지을 때 아내의 응원과 협조가 절대적이라는 사실을 깨달았다. 채효당
모형도.

행복한 가정을 꾸려나가려면 아내의 응원은 절대적이다. 집짓기에도 아내의 응원은 더 말할 나위가 없다. 부부가 합심해서 집을 짓지 않으면 탈이 날 수밖에 없다. 나는 한옥을 지으면서 집도 부부간에 궁합이 잘 맞아야 좋은 집, 아름다운 집, 행복이 샘솟는 집을 지을 수 있다는 것을 새삼 깨달았다.

집을
설계하다

　　북촌HRC 김장권 대표와 설계 계약을 맺고, 농협에서 대출받은
돈을 설계비로 입금했다. 그동안 북촌HRC를 비롯해 여러 한옥 전문
가에게 견적 등을 두루 알아보았다. 나는 많은 검토 끝에 북촌HRC에
설계와 시공을 맡기기로 했다. 설계 비용은 다른 설계사와 비슷했다.
그렇게 한옥에서 새로운 정주의 삶을 꿈꾸기 시작했다. 노마드 시대
에 정주라니! 농경시대에 500년의 정주로 인해 종가와 고택 문화가
있었다면, 노마드 시대에는 새로운 도시형 한옥 문화를 열어 정주를
꿈꿀 수 있을까?
　　김장권 대표는 설계도를 이렇게 구상하고 있었다. "전체 구성은
ㄷ자형 집이 됩니다. 문간이 가장 낮게, 서쪽에 반지하를 넣고, 1층과
본채는 2층으로 하되 2층은 별도 계단으로 올라가는 독립적인 분위

기를 가지게 됩니다. 나중에 문간방과 함께 2층을 게스트하우스로 활용하면 독립성을 보장해줍니다. 1층과 1층 계단이 내부에서 항상 열려 있지 않고 별도 문을 설치해 계단으로 올라가면 2층에서 강의를 할 경우에도 독립적입니다. 이 경우 화장실이 1층에 두 개는 되어야 합니다." 김장권 대표는 이런 의견을 내놓았는데, 앞으로 짓는 한옥은 어떤 분위기가 나올지 자못 궁금했다.

며칠 후 1차 평면도의 윤곽이 나왔다. 김장권 대표가 건네준 평면도는 내가 생각했던 것을 잘 반영한 것 같았다. ㄷ자형으로 하고 대문 쪽에 1층, 중앙이 1층과 2층, 서쪽에 반지하와 방을 넣는 구조다. 김장권 대표는 서쪽에 2층을 생각했지만 폭이 좁고 차경借景에 문제가 있다며 중앙 본채에 2층을 올리자고 했다.

나는 일전에 남산한옥마을을 둘러보고서 생각해두었던 마당과 누마루에 대해 제안했다. 지금 한옥을 짓고 살고 있는 사람들은 대부분 아파트에서 살았던 기억 때문인지 '양옥형 한옥'으로 지어 마당이 있어도 활용하지 못하는 것 같았다. 한옥의 장점은 마당인데 말이다. 나는 누마루와 기단을 잘 활용해 마당에서 자유롭게 누마루에 걸터앉거나 기단에 앉아 담소를 나눌 수 있도록 하자고 제안했다. 마당을 즐거운 담소나 교류의 공간으로 만들자는 것이다.

또 하나 제안한 것은 부엌과 아들 방이다. 아들 방은 독립성을 최대한 보장해달라고 했다. 또 아들이 훗날 결혼할 경우 지하방을 이용할 수 있도록 해달라고 했다. 문간방은 아내가 게스트하우스로 활

🏠 배치도

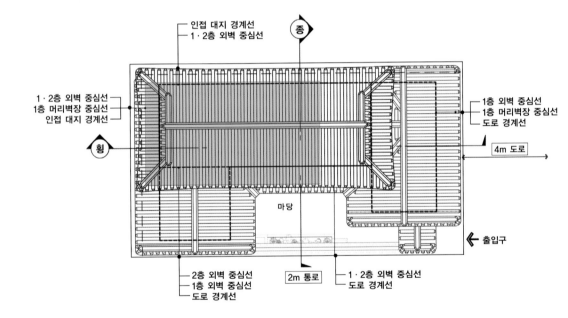

인접 대지 경계선
1 · 2층 외벽 중심선

종

1 · 2층 외벽 중심선
1층 머리벽장 중심선
인접 대지 경계선

1층 외벽 중심선
1층 머리벽장 중심선
도로 경계선

횡

4m 도로

마당

출입구

2층 외벽 중심선
1층 외벽 중심선
도로 경계선

2m 통로

1 · 2층 외벽 중심선
도로 경계선

용하고 싶다고 전하며 독립된 방으로 사용할 수 있도록 해달라고 했
다. 여기에 온돌방을 놓자고 했더니, 김장권 대표는 연기의 문제가 있
고, 요즘은 거의 온돌을 사용하지 않으니 차라리 황토방으로 만들자
고 제안했다. 온돌방은 매일 불을 때지 않으면 곰팡이 등의 문제가 발
생할 수 있기 때문이라고 한다. 2층은 최대한 북한산의 풍경을 담아
낼 수 있도록 창문을 잘 배치해달라고 했다. 또한 독립된 서재 공간이
자 강연 공간, 게스트하우스로도 활용할 수 있도록 하자고 했다.

북촌HRC에서 지난번 평면도를 좀더 구체화했다면서 사무실로
와줄 것을 당부했다. 김장권 대표는 감기에 걸려 참석하지 못했다. 이
민주 실장의 대략적인 설명을 들으면서 '아, 이렇게 집이 꼴을 갖추어
가는구나!' 하는 생각을 했다.

집에 돌아오면서 운현궁에 들러 툇마루가 있는 작은방들을 보았
다. 참 아늑해 보였다. 다만 내 집은 폭이 좁아 툇마루를 둘 수 없어 아
쉬웠다. 며칠 후 평면도에 대한 내 의견을 김장권 대표에게 이메일로
보냈다.

지하층 21평이 좀 넘게 나옵니다. 지하층은 옷 등을 수납할 수 있는
공간과 자질구레한 물건을 넣을 수 있는 창고 등의 용도로 쓰일 수 있
어 좋기는 하지만 이렇게 되면 공사비가 증가하게 됩니다. 그래서 기존
에 아들 방에 독립된 지하 공간으로 두지 않고 이 지하방 하나로 하되
여기에 수납공간을 겸해 가족이 함께 이용할 수 있는 공간으로 했으면

⇧ 지하층 평면도

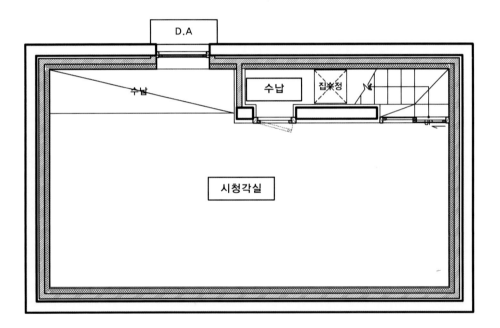

D.A

수납

수납

집★정

시청각실

합니다. 아들 방으로 굳이 독립된 지하방을 만들 필요가 없고, 너무 독립된 자기만의 공간을 주는 것에 아내가 반대합니다. 지하방은 7~10평 정도면 될 것 같습니다. 계단은 기존 평면도의 대청에서 내려가는 계단을 사용하면 될 것 같습니다.

1층 먼저 대청 바로 옆 안방에 인접한 작은방을 없애는 게 어떨까요? 그 대신 게스트방을 안방의 작은방으로 하면 응접실도 겸해 여유 있는 침실 공간으로 활용할 수 있을 듯합니다. 중간에 미닫이를 두면 침실도 한층 아늑할 것 같고요. 게스트방은 상상의 구상이어서 굳이 지금 반영을 하지 않아도 무방합니다. 대청 옆 안방의 작은방 자리에는 아들 방 옆에 있는 화장실을 옮겨옵니다. 앞부분은 안방으로 이어지는 통로로 하고 안방에서 쉽게 이용할 수 있게 통로 쪽에 화장실 문을 두고요. 안방에 배치되었던 화장실은 없애고요. 아들 방 옆에 있는 화장실을 없애고 대신 아들 방과 부엌을 확장하고 아들 방에서 지하로 내려가는 계단을 없애고 여기에 화장실을 설치하는 것으로 하고요.

2층 처음부터 강의 공간으로 만들지 않았으면 합니다. 강의는 제가 한옥에 살면서 그 삶의 공간을 이용해 강의를 하자는 것입니다. 말하자면 정색하고 강의장을 만들기보다 일상적인 생활공간을 활용해 강의를 하는 콘셉트입니다. 또 이곳에서 자연스럽게 책을 접할 수 있게 하고요. 말하자면 서재에서 하는 강의라고 할 수 있습니다. 이미 말씀드린 대로, 2층 네 칸 방 중에서 동쪽 끝방은 누마루로 만들고 여기서 남은 공간은 두 번째 방인 서재로 편입시켜 서재를 좀더 크게 하고요(비례가

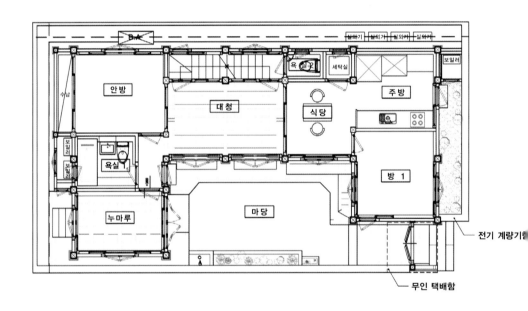

🏠 1층 평면도

방 1

안방

수납

보일러

욕실

누마루

대청

식당

보일러
보일러관

마당

주방

세탁실

욕실 2

보일러

전기 계량기

무인 택배함

안 맞으면 그대로 두어도 됩니다). 책은 두 번째 방과 세 번째 방에 서가를 만들어 비치하고 마지막 서쪽 끝방은 침실용으로 합니다. 물론 사람이 많이 잘 경우 방과 방 사이는 열고 닫는 게 가능한 문으로 하면 세 칸 모두 침실로 활용해도 되겠지요. 강의를 할 경우 서쪽 끝방을 기준으로 하고 그곳에 파워포인트를 활용할 수 있는 화면용 가림막을 올렸다 내렸다 할 수 있게 만들어놓으면 됩니다. 화장실 옆 비어 있는 작은 공간에 미니 싱크대를 설치해놓는 것도 좋을 듯합니다.

며칠 후 수정된 평면도를 보내왔다. 이에 대한 의견을 나는 다시 이메일로 보냈다.

1층과 2층, 지하층 모두 변경된 안대로 하면 될 것 같습니다. 아들 방은 한층 커져서 좋습니다. 그리고 2층은 누마루가 있어 소청을 굳이 넣을 필요가 있을까 싶어요. 그래서 소청은 서재와 침실을 유기적이고 가변적인 공간으로 서로 공유하는 방으로 했으면 합니다. 평소에는 문을 열어 서재로 쓰고, 반면 손님이 있을 때에는 침실로 쓰기도 하고요. 서재는 방이 작아 이 방에도 서재와 함께 서가를 만들어 책을 비치해두고요. 더욱이 서재가 누마루까지 공간적으로 확장되어 한결 여유 있게 격을 더할 수 있을 것 같습니다. 강의 때에는 누마루까지도 사용하면 2층 전부를 활용할 수 있습니다. 평면도는 이 정도로 하면 될 것 같습니다. 벌써부터 누마루에서 낮잠을 즐기고 싶군요.

🏠 2층 평면도

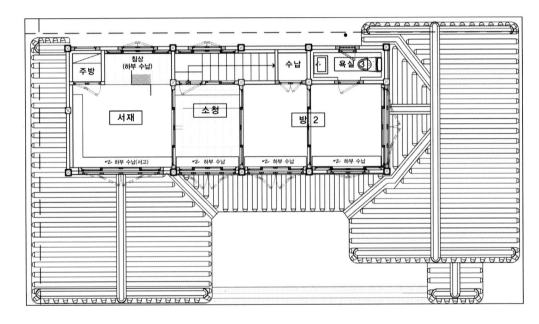

이에 대한 답변을 김장권 대표가 이메일로 보내왔다.

2층 서재에서 수납공간은 하부 수납장을 만들면 충분히 가능할 것으로 보입니다. 그리고 방과 소청과 서재는 모두 미세기 문으로 되어 있어 문을 닫으면 방이 되고, 문을 열면 넓은 공간이 되도록 계획되어 있습니다. 문이 무겁지 않고 설치가 매우 용이하기 때문에 쉽게 가변성을 확보할 것으로 생각됩니다. 단, 제가 보기에는 누마루와 서재 공간이 생각보다 크지 않기 때문에 누마루를 들어올리지 않고 같은 높이로 고려해볼까 하고 있습니다. 이 부분은 도면이나 모형에서 변경이 가능한 부분이기 때문에 천천히 고려하고 논의해서 결정하면 될 것 같습니다. 2층 공간은 어느 정도 정리가 된 것 같습니다.

지하층은 최초 22평 규모로 분할된 공간을 계획했으나, 공사 규모에 대한 우려로 인해 설계를 축소해서 진행했습니다. 작은 공간에서 계단을 여러 개 둘 수 없는 이유로 12평 규모의 공간으로 축소했습니다.

드라이 에어리어dry area(건물 주위에 판 도랑으로 외측에 옹벽을 설치한 것이다. 지하층의 방습·통풍·채광 등의 기능을 한다) 부분은 환기 기능을 확보한 작은 공간입니다. 이를 통해 지하의 환기를 확보할 계획입니다.

남쪽에는 1층 하인방(기둥과 기둥 사이 벽체 하부를 가로질러 대는 구조목) 하부를 이용한 채광창을 계획했습니다. 이 정도라면 기존 안보다는 못하지만, 최대한 기능을 확보할 수 있을 것으로 보입니다.

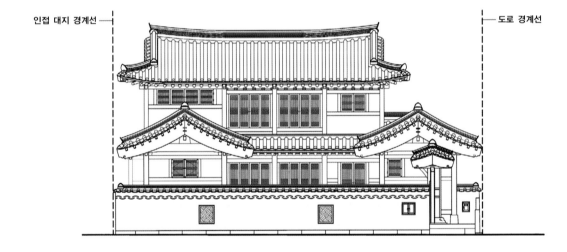

☖ 남측면도

인접 대지 경계선 ─

─ 도로 경계선

이런 내용의 이메일로 받고 다시 김장권 대표와 전화로 통화하면서 평면도에 대해 대략적인 의견 조율을 끝냈다. 덧붙여 김장권 대표는 1층은 게스트방으로 만들겠다고 했고, 나는 2층 누마루를 강조했으면 한다고 했다. 김장권 대표는 이렇게 비유했다. "교복을 입은 여학생들은 그 아름다움이나 모습이 제각각이듯 한옥도 그런 것 같습니다." 나는 교복을 입은 여학생들은 제각기 포인트가 다른 아름다움이 나온다고 거들었다. 김장권 대표는 이 집도 그런 아름다움이 있는 집으로 만들겠다고 했다.

그런데 평면도에 대한 의견이 마무리된 것 같았는데, 생각을 거듭할수록 새로운 아이디어가 새록새록 나왔다. 다시 김장권 대표에게 이메일로 추가 의견을 보냈다.

지하층 가족실 개념으로 영화와 텔레비전 시청을 위한 공간으로 활용하고 싶습니다. 1층에서 수납하지 못하는 옷과 이불 등을 위해 옷장을 겸하는 수납공간을 설치하면 좋겠습니다.

1층 세탁실은 김치냉장고 쪽으로 이동하고 세탁실 자리에 화장실을 만들어 반신욕 욕조를 설치해주세요. 김치냉장고는 냉장고 옆에 있으면 좋을 것 같습니다. 아들 방에는 수납공간 대신 식품 보관 창고로 나가는 문을 설치했으면 합니다. 또한 반침半寢 공간은 방으로 확장하지 말고 수납공간으로 조정하는 것이 좋겠습니다.

2층 서재 서재에는 책을 비치할 서가가 필요합니다. 책의 분량을 짐작

⌂ 동측면도

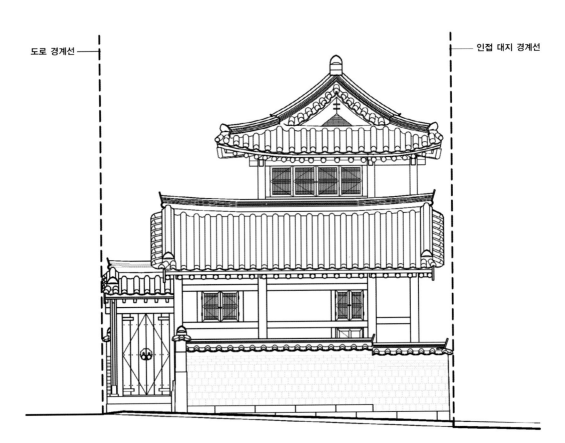

하실 수 있게 사진을 첨부합니다. 지하나 다른 방에 책을 두기에는 어울리지 않을 듯합니다. 지금 집의 서재에 있는 서가 사진을 보냅니다. 아울러 대형 그림과 냉장고, 김치냉장고, 피아노, 대리석 식탁 등도 함께 보내니 참고바랍니다. 아들 방에 있는 상부 다락은 가능한 한 비밀 아지트와 같은 다락방 기능을 했으면 합니다. 아들에게 필요할 듯합니다. 이메일로 의견 드린 안방 반신욕 욕조와 함께 아들 방 옆 화장실은 긴 형태의 욕조보다 반신욕 욕조로 했으면 합니다. 집에서 긴 형태의 욕조는 별로 사용하지 않아 필요 없을 듯합니다. 둥근 형태의 반신욕 욕조가 들어가면 공간도 절약될 듯합니다. 2층에도 반신욕 욕조가 들어가면 금상첨화일 듯합니다(손님이 왔을 때 가장 필요한 게 독립된 욕조가 아닐까 싶습니다). 다른 부분들을 좀 줄인다면 가능할지도 모르겠습니다.

그리고 다음과 같은 말을 덧붙였다.

제가 한옥을 지으면서 이것만은 꼭 했으면 하는 세 가지입니다. 평면도 설계를 하면서 몇 가지 공유해야 할 부분이 생각나서 전합니다. 첫 번째는 '기초가 단단한 집'입니다. 2층 한옥이기에 더욱 신경이 쓰입니다. 누수 부분은 특히 신경이 쓰입니다. 이 집을 짓는 대지가 예전에 논밭이어서 토질이 무르고 수맥에 취약한 듯합니다. 초기 비용이 문제가 될지 모르지만, 터파기 공사를 할 때 생땅이 나올 때까지 파고 줄기

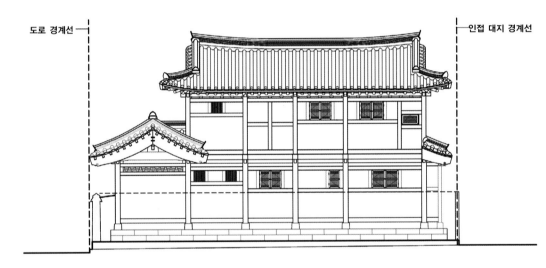

⇧ 북측면도

도로 경계선 ——

—— 인접 대지 경계선

초로 시공해야 할 듯합니다. 두 번째는 '단열과 방음이 잘된 집'입니다. 한옥이어서 단열과 방음에 취약하겠지만 최대한 꼼꼼하게 마무리하면 될 것으로 보입니다. 황소바람이 들어오거나 벌레와 벌집이 발생할 수도 있습니다. 세 번째는 '마당과 친화적인 집'입니다. 마당은 작지만, 아담한 마당이 되었으면 합니다. 운현궁과 인사동 관훈재에 가니 대나무가 심어져 있었는데, 그런 마당을 꾸미려고 합니다.

며칠 후 나는 설계도에 대한 아이디어를 다시 김장권 대표에게 이메일로 보냈다.

1층 게스트방의 재구성이 기대됩니다. 1층에는 굳이 게스트방이 필요 없습니다. 안방과 유기적인 공간으로 아내가 과외방으로 활용하거나 제가 낮잠을 즐기거나 빈둥거리거나 어슬렁거리면서 한가함을 즐기는 공간으로 활용했으면 합니다. 이 경우 안방을 기준으로 작은방(전실)과 함께 ㄱ자형 개방 공간이 되면서 전체적으로 대청부터 게스트방까지 열린 공간이 됩니다. 특히 여름철에 좋은 풍경이 될 것 같습니다. 게스트방을 안방과 열린 구조로 하고 안방과 전실, 아들 방, 2층까지 열면 집과 마당이 엄청 넓고 깊은 구조가 될 것 같습니다. 집에서 잔치를 해도 되겠습니다. 신의 한 수입니다.

김장권 대표에게 보낸 이메일의 핵심은 1층 게스트방을 누마루

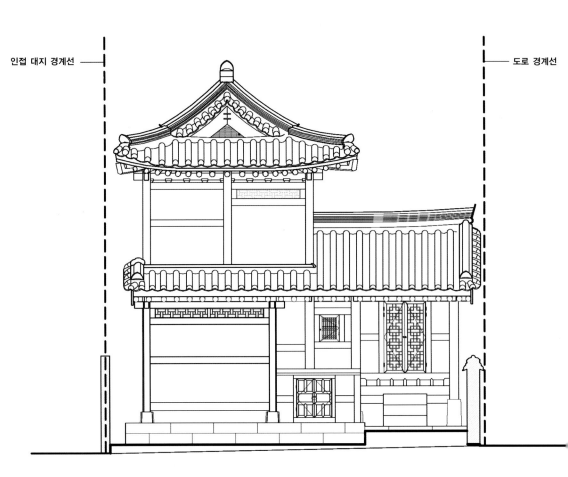

서측면도

인접 대지 경계선

도로 경계선

로 만드는 것이다. 안방과 게스트방이 붙어 있어 서로 불편한 점을 개선했으면 한다고도 했다. 안방 화장실에 변기를 없애고 대신 반신욕 욕조를 넣기로 했다. 1층에 누마루를 두면 안방이 깊은 방이 되면서 전반적으로 1층 전체가 넓고 열린 공간이 된다. 이것이 한옥의 묘미를 살리는 것이고, 어쩌면 내가 원하는 설계인 것 같다.

2층의 서쪽 맞배지붕은 팔작지붕으로 변경하기로 했다. 서쪽 지붕의 완성도가 덜한 느낌이 들어서다. 동쪽 1층 지붕은 팔작지붕에서 맞배지붕으로 변경했다. 여기서는 맞배지붕이 완성도를 높여주는 것 같았다. 안방에는 침대를 놓지 않기로 했고, 지금 사용하고 있는 라텍스를 누마루 아랫부분에 설치해서 넣었다 뺐다 하는 식으로 하자고 제안했다.

아들 방도 아랫부분은 수납공간으로 사용하고 그 위는 침대와 같이 사용할 수 있게 하기로 했다. 담장은 대문 입구 길가 측면 벽은 머리벽장 벽을 그대로 사용하고 따로 벽을 설치하지 않기로 했다. 또 앞쪽 담장에 여름철 통풍을 위해 담장 중앙에 통풍구를 내기로 했다.

한옥 관련 책을 읽다가 대문 위치가 집의 기운에 많은 영향을 미친다는 풍수 이론이 눈에 들어왔다. 그래서 대문 위치가 풍수 이론에 근거한 것인지를 묻기 위해 김장권 대표에게 이메일을 보냈다.

어제는 뜬금없이 연락을 드려 놀라셨지요? 휴식 시간을 방해한 것 같아 죄송한 마음 그지없습니다. 혜량해주시길 바랍니다.

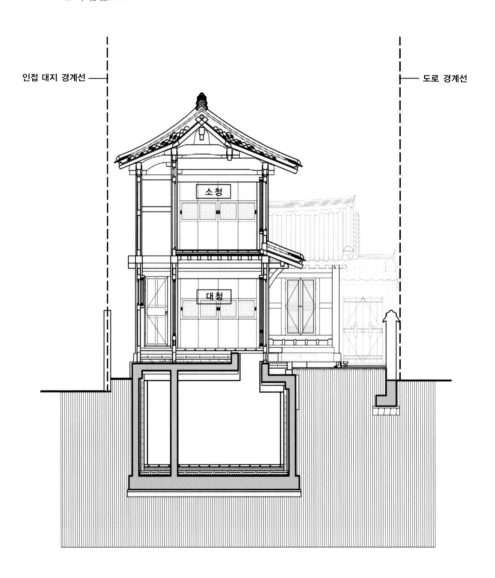

⬠ 주단면도 1

인접 대지 경계선 ——

—— 도로 경계선

소 청

대 청

서유구의 『산수간에 집을 짓고』를 읽다가 대문 위치 등을 자세하게 거론한 게 있어 검색을 해보았더니 이런저런 자료가 있고, 도서관에서 대출한 『우리 옛집』이란 책에 있는 설계도를 보니 대부분 양택풍수에 따라 대문을 낸 것을 알 수 있었습니다.

제가 수년 전 책을 쓰기 위해 방문했던 안동 내앞마을에 있는 의성 김씨 청계 김진 종가의 대문을 보니 우리 집과 좌향이 같은데 서쪽에 가까운 서남쪽에 있습니다. 김진 가문은 퇴계 이황에게 자녀를 맡겨 이 중에서 학봉 김성일이라는 유명한 인재를 배출한 집안입니다. 풍산 일성당日省堂도 우리 집과 좌향이 같은데 비슷한 곳에 있고요. 이언적이 지은 양동마을의 향단은 남향인데 여기서는 동남향과 남향에 대문을 내었습니다. 현재 평면도는 그대로 두고 2미터 보도 방향으로 대문을 넣되 남서향에 가까운 위치를 고려하고 아울러 한옥박물관 뒤의 산의 위치를 고려하는 것도 좋을 것 같습니다.

오늘 산책길에 우리 집에서 한옥박물관 뒤에 있는 산을 보니 서쪽 경계선에서 2미터 들어온 곳 정도가 한옥박물관 뒷산을 바라보는 위치였습니다. 그래서 제 생각에는 아들 방 쪽으로 치우친 서남향으로 대문을 잡아보았습니다. 이 경우 대문을 열면 대청이 열리는데, 오히려 작은 집에서 여름철 바람의 흐름도 유지할 수 있을 것도 같습니다. 김진 종가 등의 설계도를 첨부하니 참고해서 고려해보시기 바랍니다. 글이란 이렇게 시공을 뛰어넘어 구속력을 지님을 다시 한번 실감합니다.

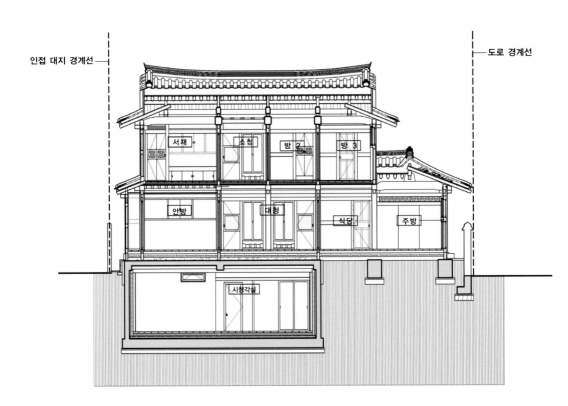

⌂ 주단면도 2

인접 대지 경계선

도로 경계선

서재   소청   방 2   방 3

안방   대청   식당   주방

시청각실

아무래도 대문 위치에 대해 더 의견을 교환해야 할 것 같아서 김장권 대표를 불쑥 찾아갔다. 김장권 대표는 자신이 아는 교수에게 자문을 해보았더니 좌향이 남쪽일 경우 남동향 대문이 길하다는 의견을 주었다며 안심하라고 했다. 며칠 후 나는 다시 김장권 대표에게 이메일을 보냈다.

거듭 설계도를 찬찬히 보고 인터넷에서 검색을 해보다 첨부한 파일인 2층집을 보았습니다. 그때 우리 집 2층을 지금보다 한 칸 더 늘리면 어떨까 생각했습니다. 동시에 3평쯤 추가할 경우 비용 상승이 뇌리에 스쳤습니다. 개인적인 생각입니다만, 지금 9평으로 된 2층은 집 전체로 보면 동쪽 부분의 높이가 낮아 우리 집이 갖는 고유의 분위기, 즉 보는 이가 느끼는 상호 시선의 교감이 조금 부족한 것 같습니다.

관훈재는 전면만 보아도 보는 이의 시선을 사로잡는, 뭔지 모를 고유한 분위기에 더해 2층 한옥의 현대적인 아름다움이 느껴집니다. 제가 보내드리는 2층집은 아마도 궁궐 같은데, 이 또한 뭔가 강렬한 느낌이 일어납니다. 우리 집에 이런 2층을 떡하니 올리면 어떨지 궁금해집니다. 일단 비용 상승은 차치하고, 2층을 한 칸 더 넣어 아래층과 같은 구조로 올리고 팔작지붕으로 설계해주셨으면 합니다. 이 경우 서쪽 방과 소청은 기존대로 들어가되, 소청에 이어지는 칸은 방으로 쓰고, 동쪽 마지막 두 칸을 서재로 하면 될 것 같습니다. 기존 서재가 좀 협소한데 새로운 서재는 좀더 넓어 서재로서 제격인 것 같습니다.

⬆ 한옥에서 대문의 위치는 집의 기운에 많은 영향을 끼친다. 양동마을의 향단은 남향인데, 대문은 동남향과 남향이다. 양동마을 향단.

또 서재 앞방을 가변으로 구성해 평소에는 서재로 개방해 쓰면 좀더 넓어지지 않을까 생각해봅니다. 이렇게 수정한 평면도를 바탕으로 조만간 견적을 내 건축비 추가 상승분을 가늠해보면 좋겠습니다. 평면도 검토가 끝났는데 좀 성가시게 되었습니다.

1층 평면도상에서 부엌과 화장실이 붙어 있습니다. 가능하면 아들 방으로 들어가는 입구, 즉 화장실과 거실 경계선에 화장실을 가리는 문을 설치했으면 합니다. 이 문은 아들 방에 들어가기에 앞서 또 하나의 문으로 보아도 될 것 같습니다. 그렇게 되면 화장실과 부엌이 완전 분리되어 보이고 또한 아들 방도 독립된 공간이 될 것 같습니다. 여기에 화장실 앞 입구 부분의 외창 위쪽에 작은 환기창을 설치하면 화장실에서 나오는 습기와 냄새가 언제든지 외부로 배출될 수 있을 것 같습니다. 이미 설계에 반영되어 있는지는 모르겠습니다.

동사택東舍宅은 집의 기준점이 되는 지점에서 대문과 안방, 부엌이 동일 사택에 있으면 길하고 어긋나면 흉하다는 풍수 이론이다. 동사택은 남, 북, 남동, 북서 방향에 서사택西舍宅은 동, 서, 남서, 북동 방향에 대문, 안방, 부엌이 있어야 한다는 것이다. 우리 집의 좌향은 현재 설계도라면 남쪽에서 조금 서쪽으로 기운 남서향이다. 엄격하게 보면 이 경우 서사택에 해당한다. 남향으로 보아 동사택으로 보기도 한다. 김장권 대표에게 자문을 해준 교수에 따르면 우리 집을 동사택으로 보았다고 한다. 이 경우 대문은 남동 방향이 길하다. 나는 대문 위치를 이 선에서 마무리해야겠다고 생각했다. 집에 대해 알려고 하면 알수록 신경 쓰이는 부분이 많아지는 것 같다. 다른 사람들은 수맥에 대해 신경을 많이 쓴다고 한다. 다행히 은평한옥마을에 수맥 탐사를 하러 온 전문가에 따르면 우리 집은 수맥이 발견되지 않았다고 한다.

　　설계를 하면서 수없이 많은 집을 짓고 부수는 과정을 거쳤다. 잠을 잘 때에도 평면도가 눈에 아른거렸다. 처음 당구를 배우는 사람이 잘 때도 당구공이 눈에 보인다는 말처럼 말이다. 지하와 지상 1층으로 하려다 지상 1층과 2층으로, 다시 지하 6평, 지상 1층 18평, 2층 8평 정도로 하려고 했다. 그리고 다시 지하와 2층을 확장해 지하를 두 배로 늘려 20평 정도로 하고 지상 2층도 12평 정도로 늘렸다. 결국 지하에는 커다란 시청각실과 가족실과 드레스룸까지 생겼고, 2층에는 서재에 게스트방도 갖추게 되었다.

　　며칠 후 전체 판을 흔든 평면도가 나왔다. 우선 안방과 부엌, 아들 방의 배치를 달리했다. 안방과 부엌 자리는 위치를 맞바꾸었다. 안방은 서쪽에, 부엌은 동쪽에 두었다. 아들 방은 대문 쪽 누마루로 옮기고 누마루는 아들 방이었던 서쪽으로 바꾸었다. 이렇게 되면 누마루가 북한산을 조망하는 곳에 배치되는 셈이다.

　　아들 방은 활기찬 기운을 받고 또 집을 지켜야 하는 존재가 아들이기에 동향에 두었다. 양택풍수에서도 아들 방은 동향이나 문간방이 길하다고 한다. 안방은 대청 안쪽에 배치하는 게 맞는 것 같았다. 안방은 북서쪽이나 북쪽, 서쪽에 있어야 안정감이 있다고 한다. 부엌은 화장실과 분리시키고 동쪽으로 배치했다. 전통적으로 부엌은 서향이 맞으나 주방이 실내에 있을 경우 환기나 쾌적한 주방을 고려해 신선한 공기가 잘 유입되는 동향이 맞는 것 같다. 그리고 한옥 전체는 대부분 더글러스Douglas(수입산 소나무)가 사용되는데, 가능하다면 안방, 서재, 아들 방은 육송(국내산 소나무)으로 해줄 것을 요청했다.

2층은 15평에서 12평으로 줄이고 ㄱ자형 대신에 일자형 팔작지붕으로 했다. 바람길도 나고 안정적인 구조가 된 것 같다. 지하를 다시 12평 정도의 원룸 형태로 줄였다. 비용을 고려해 그렇게 했고, 지하를 크게 할 필요가 있을까 하는 생각도 한몫했다. 후일 아들에게 사무실 용도로 쓰게 해주려고 했지만, 그렇게 해도 12평이면 가능할 것 같았다. 이 설계대로 할 경우 내가 원하는 집이 나올지 자못 궁금하다. 또 이 집에 장차 후손들이 살아가면서 아버지의 마음을 느끼기를 욕심 내어본다.

김장권 대표에게 양해를 구하고 평면도를 재배치한 대로 결정하기로 했다. 결단이 필요한 순간이었다. 김장권 대표는 "건축가보다 이 집에 살아야 하는 건축주 입장에서 설계를 해야 합니다"라며 양해해주었다. 때로 건축가는 '보여주는 건축'의 매력에 빠지기도 한다면서 건축주에게 '편안한 건축'이 될 때 제대로 된 설계라면서 오히려 나를 위로해주었다.

21세기를 대표하는 건축가로 꼽히는 프랭크 로이드 라이트가 미국 펜실베이니아주의 베어런Bear Run 산 속에 에드거 카우프만Edga

Kauffmann을 위해 세운 별장이 '낙수장Falling Water'이다. 그런데 낙수장은 '보여주는 건축'의 전형이다. 폭포 위에 대담하게 돌출된 건축물은 낙수 소리와 습기 등을 감안하지 못해 주인 카우프만은 떠나고 기념물로 전락했다. 물소리는 때로 귀신이 우는 듯한 곡성으로 들리기도 한다.

한옥도 '보여주는 한옥'으로 짓는 경우를 보았다. 스타 건축가일수록 이 유혹이 심한 것 같다. 보여주는 건축을 하게 되면 전망이나 사진 뷰view에 신경을 쓰게 되고, 그렇게 되면 방음이나 단열 등에 취약한 집이 되기 십상이다. 집은 그곳에 사는 사람이 편안하고 안락하게 몸과 마음을 안정시킬 수 있는 공간이어야 한다.

김장권 대표와 설계에 대해 최종 의견을 교환했다. 누마루를 팔작지붕으로 변경하는 것은 누마루 앞쪽이 보도와 가까워 여유가 없어 불가능하다고 한다. 2층 반침 부분에 지붕으로 눈썹처마를 하자고 했는데, 너무 무거워 보인다고 해서 하지 않기로 했다. 또한 기단은 2단에서 1단으로만 하기로 했다. 2단으로 할 경우 그만큼 마당이 작아져 보이기 때문이다. 마당의 옹색한 부분을 없애려면 2단 기단보다 1단 기단으로 하는 게 좋다고 한다. 2~3단 기단은 예전에 양반가에서 주로 권위를 드러내기 위해서 했다고 한다.

내가 남산한옥마을과 운현궁 등 한옥을 둘러본 것은 한옥에 대한 눈높이를 높이는 계기가 되었다. 또한 김장권 대표와의 의견 교환은 더없이 큰 도움이 되었다. 한옥이든 단독주택이든 많이 보고 의견

⌂ 낙수장은 미국 펜실베이니아주의 베어런 산 속에 지어진, 주인인 카우프만을 위해 세운 별장이다. 이 건축물은 '보여주는 건축'의 전형이다.

을 조율하는 만큼 원하는 설계도가 나오는 것 같다. 특히 한옥은 건축주가 전통 한옥 형태로 지을 것인지, 겉은 한옥으로 하고 내부는 양옥형으로 할 것인지, 외부도 현대적인 공법, 예컨대 철골 구조물로 하고 외관만 나무로 마감할 것인지를 먼저 정하는 것이 무엇보다 중요하다는 것을 알았다. 나는 전통 한옥의 분위기가 나되 단열 문제로 인해 벽체와 창호는 현대적인 공법을 사용하자고 했다.

　며칠 후 변경된 설계도가 완성되었다. 설계도가 담긴 책자를 받았을 때는 집을 반은 지은 느낌이었다. 나와 김장권 대표는 최종적으로 설계도를 확정했다. 설계를 시작한 지 1년 만이다. 김장권 대표는 "작지만 큰집, 차돌처럼 단단한 집, 바늘 한 곳 들어갈 수 없을 정도로 알찬 집, 군자의 향기가 피어나는 집, 단아하면서도 기품이 있는 집, 누구나 머물고 싶은 집이 될 겁니다"라고 말했다. 특히 집 짓는 가구 목재를 육송으로 했다고 한다.

　전반적으로 크게 모나거나 변화를 준 한옥이 아니라 기존 한옥에서 크게 벗어나지 않았다. 편안하게 살 수 있는 집, 작지만 마당이 깊은 집, 작은 집이지만 기능성을 최대화한 집이 될 것이다. 나는 그런 집이면 족하다. 아마 그런 집이 될 듯하다.

　집을 짓는 일은 인생에서 의미 있고 즐거운 일이다. 집을 짓는다는 것은 어쩌면 내 삶에서 가장 분주한 시간을 보내고 있다는 의미가된다. 집짓기는 과한 것은 덜어내고 부족한 것은 보완하는 지지智止의 과정인 듯하다. 이를 제대로 제어하지 못하면 집이 인간을 지배할 수도 있다. 한껏 욕심을 부리면 집이 너무 무겁고 육중해서 인간을 억누르는 괴물이 되고 만다. 지나침은 모자람만 못하다는 진리를 새삼 되새기게 되었다.

땅을
측량하다

2015년 12월 한국국토정보공사에서 담당자가 현장에 나와 토지를 측량했다. 북촌HRC에서는 김장권 대표와 이민주 실장이 나왔다. 40평 남짓한 대지의 작은 땅이지만, 마당은 넓고 깊어 보였다. 더욱이 대문에 들어서면 누마루 앞쪽이 마당 입구여서 안쪽의 마당이 훨씬 깊어 보일 것이다. 대문 쪽에서 바라보니 깊은 마당이 눈에 그려졌다. 김장권 대표는 땅은 작지만 마당은 깊어 보인다고 했다.

나는 우리 집을 마당과 친화적인 전통 한옥의 형태로 짓고 싶다. 마당 없는 한옥은 거푸집만 한옥일 뿐이다. 그런데 다른 집들이 거의 마당이 없거나 마당이 있어도 주차장으로 사용해 마당을 활용하지 못하고 있다. 마당 없는 한옥을 지을 바에는 한옥이 아닌 단독주택을 짓는 게 더 낫지 않을까 싶다. 김장권 대표와 이민주 실장과 점심으로

⌂ 나는 토지를 측량하면서 마당을 상상해보았다. 대문에 들어서면 누마루 앞쪽이 마당 입구여서 마당이 훨씬 깊어 보였다.

국수와 주먹밥을 먹었다. 오늘 따라 햇살도 따사로웠는데, 집도 따사로운 집을 짓자고 김장권 대표가 말했다. 나 또한 따사로운 집을 짓고 싶다.

집은 누구나 지을 수 있지만, 아무나 짓는 것이 아니기 때문에 집을 짓는 모든 사람은 설렘을 안고서 집짓기를 할 것이다. 설계는 집짓기의 문을 여는 서곡이다. ㄷ자형의 가장 전형적인 집에 한옥의 따사로움을 재현하고 싶다.

아직 서울시에서 지급되는 한옥 신축 보조금이 결정되지 않았다. 보조금은 서울주택도시공사가 2014년에 지원한 설계비 정도가 나올 것 같다고 한다. 서울시는 은평한옥마을을 조성하면서 전임 시장이 지원금을 주기로 약속했는데, 시장이 바뀌면서 지원금에 대한 법적 근거가 없다며 지원금에 대해 난색을 표하고 있다고 한다.

그런데 몇 개월 후에 서울시의회에서 지원금에 대한 조례개정안이 통과되어 은평한옥마을에 짓는 한옥에도 지원금이 책정되었다. 낮은 이자로 대출도 받을 수 있게 되었다. 공사비 마련에 크게 도움이 될 것 같았다.

설계도를
심의받다

한옥 지원금을 받기 위해 서울시 심의를 받았다. 은평구청과는 별개로 진행되었다. 그런데 은평구청 심사에서 설계가 통과되었는데도 기준에 부합하지 않는다고 했다. 2층 처마 길이를 조정해야 하는 문제가 생겼다. 결국 2층 지붕을 3량에서 5량 구조로 바꾸었다. 또한 측면 주칸柱間(기둥 사이) 간격도 2.85미터에서 2.7미터로 줄였다. 측면 주칸은 계단 문제로 2.85미터로 줄었고, 다시 2층 처마 길이 문제로 2.7미터로 줄였다. 어쩌면 구조가 튼튼한 집으로 바뀌었지만 주칸 폭이 줄어들었다. 측면 주칸은 3미터가 기준인데, 30센티미터가 줄어든 것이다.

반침 문제는 가장 민감하게 부딪친 부분이었다. 우리 집은 대지가 40평에 불과해 반침을 적절하게 잘 활용하느냐에 따라 집의 운명

⬆ 어떤 집은 사고석이나 와편으로 쌓고, 어떤 집은 돌담이나 흙담으로 만들면, 미학적 가치가 높아지지 않을까?

이 달라진다고 해도 과언이 아니었다. 다행히 김장권 대표가 반침 부분을 잘 활용했는데, 문제는 심의였다. 은평구청 심의에서는 처음에 보류 판정을 받았는데, 반침이 너무 많다는 이유에서였다. 그래서 반침을 처마에 포함시키고 건축 면적에 포함시키기로 했다. 반침은 평수에 포함되지 않는다. 계단은 평수에 포함되지 않는 반침에 해당하는데, 평수에 포함시켜 반침이 안 되게 설계를 했다. 결국 처마 길이를 내는 게 문제였고, 이 부분은 측면 주칸을 줄이는 것으로 해결했다.

　　당초 2월에 착공하기로 한 계획이 서울시 지원금 문제로 지연되고 있었다. 5월에는 서울시 심의에 들어가 지원금 문제를 매듭지어야 착공할 수 있다고 했다. 그 후 심사에서 조건부 승인으로 설계가 통과되었다. 다행히 2개월 후 은평구청에서 심의가 통과되었다.

　　담장도 심의에서 아주 까다로운 부분이었다. 너무 획일적이면 미학적인 가치가 떨어질 텐데, 공무원들은 융통성이 조금 부족한 것 같았다. 문화는 다양성에서 나온다고 하는데 말이다. 오히려 획일화된 담장은 전통미를 훼손하지 않을까 우려된다. 어떤 집은 사고석(한옥의 외벽이나 담 등을 쌓는 데 쓰이는 네모진 돌)으로, 어떤 집은 와편瓦片으로, 어떤 집은 돌담으로, 어떤 집은 흙담으로 만들어도 될 것이다. 블록 별로 획일화를 유도하는 것 같아 아쉬운 마음이 들었다.

시공을
맡기다

설계도가 완성되었지만, 어디에 시공을 맡겨야 할지 고민이 깊었다. 김장권 대표에게 시공을 부탁하고 싶었지만, 가장 큰 문제가 시공비였다. 나는 다른 한옥 시공사들과 견적 등을 상의했는데, 공사비와 취향 등이 맞지 않았다. 믿을 만한 곳은 비용이 비싸고 비용이 싸면 믿음이 부족했다. 아내는 이 집을 설계한 김장권 대표에게 맡기자고 했지만, 역시 시공비에 대한 부담을 떨칠 수 없다고 했다. 그런데 공사비 마련이 쉽지 않았다. 아무리 쥐어짜내도 많은 금액이 부족했다. 또 공사비는 추가로 더 들게 마련인데, 공사비로 인해 스트레스가 점점 쌓여갔다.

나는 김장권 대표를 만나 모든 것을 털어놓고 허심탄회하게 의견을 교환하는 정공법이 제일 좋겠다고 생각했다. 아내도 그 방법이

⌂ 집은 사람이 짓는다. 따라서 건축주와 건축가의 궁합이 잘 맞아야 좋은 집을 지을 수 있다.

좋겠다며 지지했다. 김장권 대표에게 시공비가 턱없이 모자란다며 다른 곳을 알아봐야겠다고 했다. 김장권 대표는 어떻게 되든지 다른 방법을 찾아보겠다고 했다. 그래도 나에게 '그럼, 그만합시다'고 말하지 않고 방법을 찾아보자는 말에 더욱 신뢰가 되었다. 아무튼 내 처지를 알아준 김장권 대표가 고맙다.

오랜 숙고를 거듭한 끝에 김장권 대표와 같이 시공을 하기로 했다. 1년 동안 설계를 진행해오면서 충분히 신뢰가 쌓였고, 서로에 대한 이해가 깊어진 덕분이기도 했다. 집은 무엇보다 건축주와 건축가의 궁합이 잘 맞아야 한다. 특히 상호 신뢰가 우선이다. 처음에 생각한 공사 규모와 공사비에서 거의 두 배나 훌쩍 뛰었지만, 한편으로는 집짓기란 욕망을 내려놓아도 쉽지 않다는 것을 새삼 느꼈다. 그래도 좋은 집을 지어 아내와 아들과 함께 오래오래 행복하게 살길 기원했다. 이제 공사를 위한 모든 준비가 끝났다.

착공을
하다

터파기 공사가 시작되었다. 나는 아들에게 고사를 대신 지내게
했다. 김장권 대표가 주도해 아들과 함께 고사를 지냈다고 아내가 스
마트폰으로 사진을 찍어 보내왔다. 아들에게 고사를 지내게 한 것은
나보다 오래 이 집에서 살아갈 아들이 우리 집에 대해 더 애착을 갖고
주인의식을 갖게 하기 위해서다. 아들은 절을 하고 막걸리를 뿌리면
서 더없는 소중한 추억을 갖게 되었을 것이다. 그리고 공사가 무사히
잘 진행되도록 빌었을 것이다. 며칠 후 저녁에 공사 현장에 가보니 지
하가 꽤 깊었다. 철근 작업을 하는 것을 보니 부디 기초가 튼튼한 집
이 되기를 바랐다.

며칠 후 이민주 실장이 연락을 해왔다. 10월 말이라 아침 기온이
영하로 내려가 콘크리트 타설 작업을 연기한다고 했다. 영하로 내려갈

⬆ 나는 아들에게 고사를 대신 지내게 했는데, 아들은 막걸리를 뿌리면서 좋은 집을 짓게 해달라고 기원했을 것이다.

때 콘크리트 타설 작업을 하면 강도에 문제가 발생할 수 있다고 한다.

김장권 대표가 전화를 해서 담장 문제로 상의할 일이 있다고 했다. 담장을 인접 대지 경계 중앙에 하면 서로 10센티미터 정도 공간을 확보할 수 있지만, 경계 중앙에 하지 않고 각자 대지 경계에 할 경우 그만큼 손해가 난다는 것이다. 토지 주인에게 전화를 했더니 서로 좋다면 굳이 마다할 이유가 없다고 했다. 그렇게 해서 경계 중앙에 담장을 설치하게 되었다.

김장권 대표는 지하 방수벽 공사를 하면서 공정마다 '빼먹을 게 없다'고 농담 섞인 푸념을 했다. 이 말을 들으니 더욱 믿음이 간다. 집을 짓는 사람은 일생에서 가장 큰일을 하는 것이다. 반면 시공자는 또 하나의 집을 짓는 것에 불과할지 모른다. 여기서 큰 간극이 벌어진다. 말하자면 건축주는 모든 시간과 비용을 투입하는 공사이지만, 건축가는 수많은 공사 중에서 하나의 공사일 뿐이다. 부실시공은 이런 건축주와 건축가의 입장 차이에서 발생한다. 이때 건축가가 기본에 충실하게 집을 짓는다면 건축주로서는 이보다 기쁜 일이 어디 있겠는가.

마당 배수구와 전기 인입 공사를 했다. 마당에 배수구는 한 개만 넣어도 되는데, 세 개를 넣었다. 기초 공사를 마무리하고 이제는 11월 하순이라 추후 공사는 내년 2월 말에나 재개한다고 했다.

새해가 밝았다. 목재로 쓸 마른 나무에 검은 청이 생겨 새 나무로 교체하기로 했다. 목구조 공사를 위해 비계도 설치했다. 초석礎石 (주춧돌)을 놓는 공사도 했다. 해가 바뀌고 날씨도 따뜻해지니 공사가

⬆ 새해가 밝았다. 목구조 공사를 위해 비계도 설치하고 초석도 놓았다. 내 일생일대
의 대역사가 시작되었다.

재개되었다.

새 목재가 들어왔다. 아내와 아들과 함께 목재를 보러 현장에 갔다. 때마침 김장권 대표도 와 있었다. 한쪽에 쌓여 있는 목재가 어머어마했다. 김장권 대표는 목재를 모두 쌓으면 2층집 전체에 들어가고도 남는다고 한다. 그러면서 모두 육송으로 마련했다고 한다. 지금부터 시작이다. 무탈하게 공사가 끝나길 기원해본다. 내 일생일대의 대역사가 순조롭게 진행되기를 바란다. 누마루부터 공사가 시작되었다.

당호를
짓다

각 방 이름을 지어야겠다고 생각하고 구상했다. 더군다나 은평
구청에서 현판 제작비를 지원해준다고 해서 당호는 후연재厚淵齋로, 안
방은 채효당采孝堂으로 결정했다. 『시경』「소아편小雅篇」의 '학명鶴鳴'이
라는 시를 읽었는데, 후연에 걸맞은 시였다.

높은 언덕에서 학이 우니 鶴鳴 于九皐

그 소리가 들판에 들리네 聲聞 于野

물고기가 깊은 연못에 잠겼다가 魚潛 在淵

이따금 물가로 나오기도 하네. 或在于渚

......

높은 언덕에서 학이 우니 鶴鳴 于九皐

그 소리가 하늘에 들리네 聲聞于天

물고기가 물가에 있다가 魚在于渚

이따금 깊은 연못에 잠기기도 하네. 或潛在淵

후연재는 세상으로 나가 포부를 펼치다가 때로는 물러나 휴식과 안식을 취하는 공간으로 삼자는 생각으로 지었다. 학의 울음소리는 은자가 숨어 살더라도 그의 덕과 이름이 널리 퍼진다는 뜻이다. 물고기가 연못 속에 잠겼다가 밖으로 나오는 것은 군자가 뜻을 얻어 세상에 나가 활동하다가 세상이 허락하지 않으면 물러나 자기 한 몸을 닦는 태도를 비유한다. 생활신조로 삼아도 좋은 시가 아닐까?

안방은 아내의 이름과 내 이름의 중간자를 따서 채효당이라고 지었다. '효를 캐는 집'이라는 의미도 더욱 마음에 든다.

아들 방은 계선繼善으로 지었다. 이는 『주역』「계사전繫辭傳」에 나오는 말이다.

한 번 음이 되었다 한 번 양이 되는 것이 도다. 一陰一陽之謂道

그 길을 잘 잇는 것이 선이요 繼之者善也

그 길을 잘 이루는 것이 본성이다. 成之者性也

일음일양一陰一陽의 도를 잘 유지하는 것이 선이다. 또한 나쁜 점괘가 나오거나 나쁜 운세를 맞아도 당당하게 선을 행하고 덕을 쌓으면 상황을 바꿀 수 있다는 말이다. '계선'은 아들에게 교훈적인 내용이 되기를 바라는 마음으로 지었다.

누마루는 설홍雪鴻으로 지었다. 이는 소동파의 「화자유和子由」라는 시에 나오는 '설니홍조雪泥鴻爪'에서 따온 것이다. 눈 위의 기러기 발톱 자국이라는 뜻이다. 눈이 녹으면 발자국이 흔적도 없이 사라지듯이, 인생의 자취도 흔적이 없는 것을 비유한 말이다.

인생이 이르는 곳마다 무엇과 같을꼬? 人生到處知何似

날아가는 기러기 눈밭을 밟아 應似飛鴻踏雪泥

그 위에 우연히 발자국을 남긴 것과 같아 泥上偶然留指爪

날아간 뒤 눈 녹아버리면 어찌 동서를 헤아릴 수 있으리. 鴻飛那復計東西

지하방은 성지誠之로 했다. 『중용』「애공문정편哀公問政篇」에 나오는 말이다.

성은 하늘의 도이고 誠者天之道也

성지에 이르는 것은 사람의 도다. 誠之者人之道也

성은 스스로 이루어진 것이고, 사물의 시작과 끝이 되는 본체로 존재와 원리로 말하자면 천지 만물의 근원이라는 의미다. 흔히 말하는 절대자, 하나님, 신과 같은 존재다. 이에 비해 '성지'는 미숙한 인

⬆ 당호는 후연재, 안방은 채효당, 아들 방은 계선, 서재는 후연, 누마루는 설홍, 게스트방은 제월로 정했다. 그러나 나중에 당호는 채효당으로 바꾸었다.

간이 하늘의 도인 성을 알기 위해 인간적인 노력을 다하는 것이다.

　『중용』에서 중요하게 거론되는 것 중의 하나가 바로 성실함이다. 성, 즉 성실함은 하늘의 도이고 성지, 즉 성실히 함은 사람의 도라고 해서 분리한다. 다시 말해 지하방은 친목과 정을 나누는 공간이라고 할 수 있다.

　서재는 후연으로 했다. '학명'에서처럼 깊은 연못은 군자의 이상향과 같은 곳이다. 이 시에는 학이 때로는 깊은 연못 속에 침잠하기도 하고 때로는 세상을 향해 긴 울음을 내기도 한다. 다시 말해 사람은 은둔이 필요하기도 하고 세상을 향해 자신의 목소리를 내기도 한다. 이때 사람들과 교류를 이어가며 인문학의 향기가 피어나는 집이되어야 한다.

　게스트방은 '제월霽月'로 지었는데, 비 온 뒤 맑게 갠 하늘에 뜬달빛이라는 의미다. '광풍제월光風霽月'에서 제월을 취했다. 북송 시인인 황정견黃庭堅이 주돈이周敦頤를 존경해 쓴 글에 나온다.

　　　정견이 일컫기를 庭堅稱

　　　그의 인품이 심히 고명하며 基人品甚高

　　　마음결이 시원하고 깨끗함이 胸懷灑落

　　　맑은 날의 바람과 비 갠 날의 달과 같도다. 如光風霽月

상량식을
하다

　　상량문上樑文은 진관동주민센터 서예 강사인 김동배 서예가에게
부탁했다. 추운 날씨에 직접 오셔서 써주셨다. 사례비를 드리니 극구
사양하면서 자신을 소개해준 백련사에 시주를 하라고 한다.

　　"상량식이 시작되면 제주는 예의를 올리는 상량문을 낭독하고
상량대를 깨끗한 새 무명천에 묶고 목수들이 위에서 당겨 올리는데
이때 집주인과 행사에 모인 사람들이 집의 번영과 목수들의 노고를
치하하는 뜻으로 돈을 내놓는다. 그리고 상량대가 들어올려져 제자
리에 끼워지게 될 때 목수들은 빨리 올리지 않고 집주인이나 초청 인
사들에게 상량대가 가벼워 못 올라간다고 약간의 익살을 부린다. 상
량날에는 대개 하루 동안 공사를 쉬고 술과 음식을 나누며 축연을 벌
인다."

중요무형문화재 제74호 대목장 보유자인 신응수는 『천년 궁궐을 짓는다』에서 상량식을 이렇게 말했다. 겨우내 추위가 마침 오늘을 위해 물러간 것처럼 상량식 날을 맞아 따스한 햇살과 온기가 대지에 내렸다. 유난히 따뜻한 봄날을 맞아 상량식을 했다. 단출하게 행사를 하겠다는 애초의 취지대로 간소하지만 넉넉한 잔치가 열렸다.

유세차維歲次

정유년 3월 4일

저희 최효찬 이채영 부부와 아들 승현은 천지신명께 한마음으로 고하옵니다.

북한산 자락 은평한옥마을 후연재의 상량을 맞아 정성껏 술과 제물을 마련해 올리니 흠향하시옵소서.

하늘에서는 해, 달, 별님의 삼광이 이 집에 감응해주시고應天上之三光, 땅에서는 장수와 부, 강녕, 유호덕攸好德, 고종명考終命의 오복이 구비되게 해주시기를備地上之五福 천지신명께 간절히 앙망하옵나이다.

설계와 시공은 북촌HRC 김장권 대표와의 우연적인 인연 덕분이었는데 다시 한번 그 인연에 감사드리며, 땀과 정성으로 이 집을 짓는 북촌HRC 관계자들의 안전을 끝까지 돌봐주시고 무사히 완공하게 해주소서!

고회부처아녀손高會夫妻兒女孫이라!

가장 아름다운 모임은 부부와 아들딸, 손자손녀들과 함께하는 것이라는 추사 김정희 선생의 말처럼, 이 집에서도 그런 아름다운 삶들이 세

⌂ 나는 상량문을 읽으며 우리 집이 행복한 집이 되기를 기원했다.

세만년 지속되기를, 아울러 이 작은 공간을 방문하는 이들에게도 따스한 정과 함박웃음을 선사하는 행복의 거소가 되기를 염원하오니 천지신명이시여, 부디 굽어 살펴주시옵소서!

상향尙饗

　　나는 제문을 읽으며 우리 가족이 상량을 고하는 것으로 상량식을 시작했다. 그리고 지인들이 술 한잔을 올리는 것으로 이어졌다. 아내는 앞으로 우리 집이 끊어진 인연들과 인간관계가 다시 이어지는 장소가 되기를 염원했고, 아들도 행복한 집이 되기를 기원했다. 모두 우리 집이 행복의 집이 되기를 염원하는 마음으로 기원해주었다.

기와를
얹다

집의 형태가 꽃봉오리가 피어나는 순간처럼 차츰 모습을 드러내고 있다. 아직 가림막에 덮혀 잘 보이지 않지만, 하루가 다르게 집이 완성되어가는 듯하다. 연인처럼 하루도 보지 않으면 마음이 편치 않다. 아침 산책길에 들르고, 저녁 귀갓길에 들러 현장을 보고서야 집에 간다. 새색시가 화장을 하듯 하나하나 자태를 드러내는 것 같아 마음이 설렌다.

김장권 대표는 목수가 공사를 잘못한 것을 발견하면 다시 나무를 사와 재시공을 했다고 한다. 그것을 그대로 두면 집 전체에 큰 하자를 발생시킬 수 있기 때문에 아주 작은 하자라도 그냥 지나칠 수 없다고 한다. 어느 날은 목수가 그대로 두어도 문제가 없는데, 왜 굳이 재시공을 하느냐고 투덜거렸다고 해서 언성을 높였다고 한다.

⌂ 지붕을 보니 단아한 자태, 편안한 곡선의 용마루, 완만한 물매에서 넘치지 않는
격조가 느껴졌다.

며칠 후 김장권 대표가 나를 만나자마자 이렇게 말했다. "대목大木이 서까래를 잘못 시공했는데, 그렇게 해서 기와를 덮으면 보이지 않습니다. 서까래를 다 들어내고 다시 작업하라고 했는데 말을 듣지 않았습니다. 그래서 서깨래를 다시 시공했습니다. 다른 이들 눈에 띄면 망신스러워서 가림막으로 비계를 설치하고 작업을 했습니다."

나는 김장권 대표가 우리 집을 잘 지어주리라 생각하고 걱정을 안 한다고 했다. 김장권 대표는 "목수들이 첫사랑을 대하듯이 집을 지어야 하는데 그렇지 못한 것 같습니다. 집은 관심과 정성으로 짓는 것인데……"라고 말했다. 그 마음 씀씀이가 참 고마웠다.

김장권 대표는 고사를 한 번 더 지내야겠다고 말했다. 북한산의 기운이 너무 센 것 같다면서 말이다. 터파기 공사 때 고사를 지냈는데도 몇 번이나 일이 잘 진행되지 않는 것 같아 북한산 산신님께 고사를 지내야겠단다. 김장권 대표는 다음 세대를 위해서라도 좋은 집을 짓겠다며 자신이 설계하고 시공하는 집은 완공 후에도 가끔 들러 차라도 마시고 싶다고 말했다.

기와 공사가 본격적으로 시작되었다. 며칠 후 현장에 가보니 단아한 자태, 편안한 곡선의 용마루, 완만한 물매(지붕 기울기)에 넘치지 않는 격조가 지붕에 담겨 있었다. 나는 아름다운 자태를 드러낸 지붕을 바라보며 그 앞에 섰다. 자못 흥분이 되었다. 아내는 지붕을 보더니 위압적이지 않고 편안하며 부담이 없어 좋다고 말했다.

며칠 전 김장권 대표가 2층 용마루와 1층 누마루 위 용마루를 지봉 높이와 비례를 고려해 7단에서 5단으로 하자고 해서 그렇게 했다. 현장 와장瓦匠들과 김장권 대표는 5단으로 내리는 게 좋겠다며 의견을 모았다고 했다. 나는 흔쾌히 현장 분위기에 맞춰 조정하라고 했다. 그렇게 했더니 기품이 있는 처마선이 고졸미古拙美를 느끼게 했다.

아직 수장재修粧材 공사, 내부 벽체 공사, 창문 공사 등이 남아 있지만, 기와가 올라가고 보니 절반 이상은 집이 다 된 것 같다. 날이 갈수록 집 모양이 드러나면서 마음도 더욱 분주해진다. 집짓기란 무엇일까? 나의 삶을 오롯이 담고 먼 훗날도 생각하게 하는 것 같다. 인간은 유한하고 이 집 또한 유한할 텐데, 이 집에서 살 것이고 또 앞으로 살아갈 이들을 생각하면 마음이 따뜻해진다.

창문을
달다

　우리 집은 창문(내창, 외창, 방충창)이 많이 들어가도록 설계되어 120개가 넘는다고 한다. 한옥의 멋스러움은 창문에서 나온다는 말도 있으니 말이다. 합천 지지산방에 내려가기 전에 아들과 아내와 함께 현장에 갔는데, 때마침 김장권 대표를 만나 사진을 찍었다. 사진이 잘 나와 기념이 될 만했다. 훗날 이 사진 한 장이 소중한 기억의 매개체가 되어 집 짓는 과정을 이야기해줄 것이다. 아들도 집 짓는 과정을 자주 봐두어야 이 집에 대한 애착이 더 크지 않을까 싶었다. 터파기 공사를 할 때 천지신명께 고한 것도 자신이었으니 기억이 안 날 리 없겠지만 말이다.

　며칠 후 현장에 가보니 2층으로 올라가는 계단이 들어섰다. 이제 벽체도 서서히 완성되고 있어 집의 모양새가 많이 갖추어지고 있

⬆ 2층 서재의 남쪽으로 난 창에는 한 폭의 풍경화가 있었고, 소청에서는 진관사 계곡 풍경이 한눈에 들어왔다.

다. 나는 김장권 대표에게 길가 건너 대각선 집이 1층으로 지어져서 진관사 계곡이 눈앞에 펼쳐져 얼마나 다행이냐며 정말 복을 받은 것 같다고 말했다. 김장권 대표는 집이 완공되면 그 집에 떡을 갔다드려야 한다고 말했다. 2층 서재에서 남쪽으로 난 창으로 보이는 풍경은 긴 직사각형의 액자에 담겨져 한 폭의 풍경화가 된다. 더욱이 2층 게스트방과 소청에서 바라본 진관사 계곡 풍경도 압권이다.

집을 지으면서 이런저런 일을 겪게 마련인데, 즐거운 일이 많이 생겨 김장권 대표에게 집을 맡기기를 잘했다고 다시금 생각했다. 얼마 전 2층에 올라가보니 서재에 마당에나 놓는 평상이 놓여 있었다. 평상이 서재 분위기를 편안하게 해주는 것 같았다. 처음에는 평상이 어떤 분위기를 자아낼까 궁금했는데, 서재의 포인트가 되는 듯했다. 아마도 집이 완공되면 한결 멋스러운 평상이 될 듯하다. 벌써부터 서재와 평상에서 일어날 즐거운 일들을 생각하니 마음이 설렌다.

나는 김장권 대표에게 집이 무겁지 않아 편안하고, 만만하지만 가볍지 않고 단단한 느낌의 집, 시골집의 정겨움이 묻어나오는 집인 것 같아 좋다고 했다. 요즘의 한옥들은 너무 무거운 듯 보이고 아파트 같이 널찍널찍해서 전통 한옥에서 느끼는 아늑한 멋이 없었다. 우리 집은 작지만, 방이나 대청, 소청 등이 아기자기해서 좋다. 물론 자기 집이 좋아 보이는 게 인지상정이지만 말이다. 마무리를 잘해서 무탈하게 입주할 수 있도록 마음을 다해야겠다.

보일러를
놓다

며칠 전 바닥에 보일러 파이프를 묻고 바닥 공사를 끝냈다. 그런데 보일러 작업 중에 수압을 점검하지 않고 콘크리트를 타설하려다가 설비 업체와 김장권 대표가 언쟁을 벌인 모양이다. 김장권 대표는 꼼꼼하게 수압까지 점검한 것이라고 하는데, 설비 업체 대표는 이음새가 없으면 수압을 점검하지 않아도 된다고 했다. 이 문제는 이음새가 있든 없든 수압을 점검해야 하는 게 맞는 것 같다.

2층은 이음새가 없이 작업했는데, 서재 평상 밑은 파이프를 깔아 결국 이음새가 생겼다고 한다. 수압을 점검하지 못했지만, 물이 새지는 않을 거라면서 사진도 찍어놓았다고 한다. 지하층은 이음새가 없고 1층은 이음새가 있는데 수압을 점검했다고 한다. 나는 설비 업체 대표에게 집이 완공되도록 마지막까지 잘 작업해달라고 부탁하는

⌂ 바닥에 보일러 파이프를 묻고 바닥 공사를 끝냈다. 그런데 수압을 점검하지 않아 나중에 물이 새지 않을까 걱정된다.

것 외에 달리 할 말이 없었다.

　김장권 대표와 무사히 공사를 마친 것을 자축했다. 김장권 대표는 이번 공사가 상량식보다 큰 의미를 지닌다고 말했다. 나는 고맙다는 인사를 거듭 건넸다.

　누나에게 이사 날이 손 없는 날이 아니어서 동티가 안 나게 절에 갈 때 스님과 상의해달라고 했다. 누나는 이미 이사 날이 결정된 것이니 동티 안 나게 하면 된다고 했다.

　장마가 시작되어 연일 큰비가 내렸다. 일기예보를 보니 이번 주 내내 비 소식이다. 김장권 대표는 나에게 센 기운으로 비를 물러나게 해보란다. 어찌 천지 대자연의 질서를 거스를 수 있으랴. 그 말이 효험이 있었던지 며칠 후 비가 오지 않았다. 그런데 우리가 이사하기로 한 날에 이사가 힘들겠다는 생각이 들었다. 현장 인부들에게 이사 이야기를 했더니 어림없다는 표정을 지었다.

도배와
장판을
하다

집이 하루빨리 완성되기를 기다려서인지 간밤에 아주 상서로운 꿈을 꾸었다. 내 생각에 길몽이 아닐까 싶다. 앞으로 새집에서 얼마나 많은 꿈을 꿀지 생각하니 기분이 좋아진다. 그 꿈들마저 비밀의 방 어딘가에 저장되어 있다면 얼마나 좋을까? 집을 지으면서 더욱 자중하고 밝은 마음으로 살아야겠다는 생각을 했다.

김장권 대표가 연일 감동을 주었다. 대청마루에 설치할 금색 전원 콘센트 꽂이를 사왔는데, 처음 보는 제품이었다. 바닥에 설치하는 것으로 고급스러웠다. 1층 화장실 바닥에 물이 내려가는 곳에 설치하는 것으로 이 또한 금색 도금 처리된 제품이었다. 이 제품을 구입하려고 이곳저곳 상점들을 둘러보았을 텐데 그 마음이 고마웠다.

1층 대청마루에 전등을 달았는데, 관훈재에 설치한 것으로 가격

⬆ 도배와 장판에 이어 조명 등이 갖추어지기 시작하면서 집 모양새가 완성미를 더해갔다.

이 좀 비싸다고 했다. 아들도 탄성을 자아냈다. 아들은 도보여행을 다녀온 후 집을 보더니 2층으로 올라가는 계단 입구가 안전하지 않은 것 같다고 했다. 그래서 김장권 대표에게 입구 모서리 부근에 봉 같은 것을 설치하자고 제안했다. 도배와 장판에 이어 조명 등이 갖추어지고 마당 공사가 시작되면서 집 모양새가 점점 완성미를 더해가고 있다.

영화 〈신데렐라〉에서 신데렐라가 계모의 핍박 속에서도 "용기를 가지고 친절을 베풀어라"라는 말을 한다. 용기는 어렵고 힘든 가운데 샘솟는 위대한 덕목이다. 누구나 편안할 때에는 용기를 발휘하기가 쉽지만, 위기나 어려움에 봉착했을 때 용기를 내기란 쉽지 않다. 우리 집이 좋은 집이 되려면 용기와 친절이 넘치는 집이 되어야 한다. 나는 아내에게 이 모토를 가훈으로 삼아도 좋겠다는 말을 했다.

집을 짓고 입주하면 때로 교만한 마음이 들기도 하는 게 인지상정일 것이다. 또 집을 지으면서 몸과 마음이 피로해질 수밖에 없다. 이때 곤경이 찾아오기도 한다. 다른 집에서는 더러 입주한 후 큰일을 겪었다고 한다. 우리 집은 이를 더욱 경계하고 마음에 되새겨 결코 교만하거나 인색한 집이 되어서는 안 되어야겠다고 다짐을 해본다.

현판식을
하다

　나는 당호를 후연재로 하기로 했는데, '재'가 '당'보다 하위 개념이라는 전통에 따라 채효당으로 하기로 결정했다. 아들도 엄마와 아빠의 가운데 이름자를 넣은 채효당이 소중하게 다가온다고 말했다. 후연재는 서재 이름으로 손색이 없다. 남성적이고 중후한 느낌이 든다. 또 깊은 연못이라는 의미처럼 내가 깃들어 있으면서 때로 세상을 응시하기도 하고 나아가 목소리를 내기도 하는 그런 곳으로 가꾸어 가야겠다.

　윤정숙 작가가 방 이름과 연구소 이름 등을 새긴 현판들을 가지고 왔다. 택배로 보내려니 포장하기가 어려워 직접 가져왔다고 한다. 며칠 후 '채효당'을 마당 앞 대청에 걸었다. 검은 바탕에 흰 글씨여서 무게감도 있어 보였다. '후연재'는 2층 서재 소청 북쪽면 연등천장에

⌂ 채효당이 발음하기에도 좋고 가볍고 경쾌한 느낌이라면, 후연재는 남성적이고 중후한 느낌이 든다.

달았다. 흰 바탕에 검은 글씨여서 가벼운 느낌이고, 2층이 꽉 차 보여 예상보다 괜찮은 것 같았다. 아내는 채효당이 발음하기에도 좋고 가볍고 경쾌한 느낌이어서 현대적인 당호로 적합하다고 했다. 후연재는 남성적이고 무거운 느낌이어서 서재의 전통적인 분위기를 풍기는 듯하다.

현판식에는 김장권 대표와 우리 가족이 참석했다. 아들은 피시방 알바를 밤새 했다며 졸리는 눈을 붙들고 겨우겨우 참아냈다. 나는 아들에게 "사람은 일생 동안 집을 짓는 것이 쉽지 않다"며 현판식은 자주 볼 수 있는 게 아니라고 말해주었다. 현판식을 마치자마자 아들에게 가서 눈을 붙이라고 했다. 이 또한 아들에게는 즐거운 추억이 되지 않을까 싶다.

채효당 현판을 달고 오래전에 내가 사두었던 풍경을 달았다. 풍경은 밤에도 늘 깨어 있는 물고기가 머리를 부딪혀 종을 울리는데, 그렇게 깨어 있는 집이 되기를 염원했다. 육중한 종소리가 마음을 잔잔하게 깨어나게 해주는 것 같았다. 풍경소리가 새집을 더욱 생기 있고 행복이 가득한 집으로 만들어줄 것이다. 풍경과 함께 현판을 달고 나니 우리 집이 마침내 완성된 듯한 느낌마저 든다. 이에 천지 기운이 감돌면서 호흡을 시작한 집이 된 것 같다. 집의 나쁜 기운이 있다면 풍경소리가 모두 몰아내줄 테다.

책을
버리다

내가 이삿짐을 싸면서 가장 중점적으로 한 일은 책 정리였다. 대학에 다닐 때가 1980년대였으니 그때부터 갖고 있던 책을 예전에도 많이 버렸지만, 시절의 증표로 남겨두었던 책들이 더러 있어 이번에 정리하기로 했다. 내가 가장 애독한 책은 김학준의 『러시아 혁명사』(문학과지성사, 1981)다. 학창 시절 혁명 전사를 자처한 것처럼 마냥 읽어댔다. 이 책은 이제 수명을 다했는지 오래된 책 냄새가 너무 나서 버렸다. 서재에 더 보관하자니 곰팡이 냄새가 심하게 났다.

『유격전의 원칙과 실제』(조영운 편역, 사계절, 1986) 같은 책도 있었다. 화염병이 난무하던 시절을 상징하는 책이다. 이 책은 내 젊은 날 진보의 증표처럼 가지고 다녔다. 이 책 역시 버렸다. 헤르베르트 마르쿠제의 『반혁명과 반역』(박종렬 옮김, 풀빛, 1984), 『이성과 혁명』

⌂ 나는 이삿짐을 싸면서 오래된 책들을 버렸다. 이 책들은 이제 수명을 다했는지 곰
팡이 냄새가 심하게 났다.

(김현일 옮김, 중원문화사, 1984)도 마찬가지로 내가 지금 꼴보수가 아님을 증명하고 싶었던 책이다.

프란츠 파농의 『자기 땅에서 유배당한 자들』(김남주 옮김, 청사, 1978)은 채 다 읽지도 않은 책이다. 김준엽·김창순의 『한국 공산주의 운동사』(청계연구소, 1967~1976), 로버트 스칼라피노·이정식의 『한국 공산주의 운동사』(한홍구 옮김, 돌베개, 1986~1987) 등은 대학교 도서관에 기증하려고 전화했더니 그런 오래된 책은 받아주지 않는다고 했다. 이 책들도 미련 없이 버렸다. 조지 세이빈·토머스 솔슨의 『정치 사상사』(성유보·차남희 옮김, 한길사, 1983)도 도서관에서 환영을 받지 못하는 책이다. 『한국 민중사』(풀빛, 1986)도 재미있게 읽었던 기억이 새롭다. 『외교론』(해럴드 니컬슨, 신복룡 옮김, 평민사, 1979)이라는 책은 김달중 교수에게 재미있게 들은 전공과목의 책인데, 이 책도 버렸다. 나는 이 책들과 이별하면서 문득 스마트폰으로 표지라도 찍어두자는 생각이 스쳤다. 그래서 부랴부랴 표지만 찍었는데 찍고 보니 '책무덤' 같았다. 『홍루몽』의 장화총과 같은 '꽃무덤'처럼 나의 젊은 날이 한순간에 사라져버린 느낌이었다. 책을 정리하니 한 시대가 가고 있는 것 같아 장중한 마음이 들었다.

나는 또 내가 쓴 칼럼이 실린 잡지들도 버렸다. 11년 동안 쓴 칼럼들이 잡지 한 페이지를 장식하고 있었는데, 나는 언젠가 이 페이지들을 오려서 스크랩북을 만들려고 했다. 그러다 결국 게으름 탓에 어쩌지 못하고 몇 권만 기념으로 남기고 수백 권을 버렸다.

대문을
놓다

대청과 소청, 누마루에 원목마루를 깔았다. 비용이 크게 늘어난 것 같다. 이 또한 좋은 집이 되기 위한 과정이니 즐겁게 받아들여야겠다.

대문이 완성되었는데, 목수가 우리 부부에게 톱을 주면서 두 대문을 이은 부분에서 마지막 남은 부분을 자르게 했다. 난생처음 해보는 세리머니였다. 마침내 대문이 열렸다. 새집 대문으로 천지 기운이 들어오기를 바라고 아름답고 행복한 일이 많기를 기원했다. 복락福樂을 기원하는 것은 이럴 때 하는 것일 게다. 대대손손 발복發福을 기원하는 것은 인지상정이다. 나 또한 이 집에서 아름다운 일만 일어나기를 기원했다.

공사를 채 마치기 전이지만, 나는 이미 이곳에서 오래전부터 살아온 것 같다. 아파트에 언제 살았나 하는 생각마저 든다.

우리가 아파트에 살면서 층간 소음 등 부정적인 생활 문화가 사회문제가 되었다. 또 우리가 지켜온 수많은 미덕을 간직한 문화를 잃어버렸다. 아마도 대표적인 게 집들이가 아닐까 싶다. 내가 결혼하고 신혼 생활을 시작했을 때 친구들을 불러 집들이를 했다. 벌써 22년 전이다. 요즘은 집들이를 한다는 이야기를 들어본 적이 없다. 또 하나는 친척집 방문이 거의 없다. 아파트에 살다 보니 누군가가 와서 하룻밤을 지내기가 불편하기 때문이다. 아파트는 평면 구조이다 보니 서로의 동선이 금세 보인다. 화장실에 가는 것도 불편하다. 그러기에 친척들의 방문이 꺼려지는 것은 당연하다.

집을 지으면서 돈 문제는 하루도 뇌리를 떠나지 않았다. 그래도 시공을 맡은 김장권 대표의 조언은 가능한 한 수용하려고 했다. 대표적인 것이 대청과 소청, 누마루에 원목마루를 까는 것이다. 그 생기 가득 넘치는 원목의 느낌에 매료되어 무조건 동의했다. 작업을 마치고 보니 원목마루 하나만으로 집안에 생기가 가득해 보였다. 집안이 그 자체로 살아났다. 예술적인 영감이 드리워져 있는 듯했다. 그리고 얼마의 비용이 들더라도 김장권 대표의 조언을 수용한 것이 잘한 일이라고 생각했다.

한옥을 짓는 일은 오케스트라의 연주에 비유할 수 있을 것 같다. 하나라도 삐걱거리면 연주를 망치듯이 한옥도 그런 것 같다. 시공사, 건축주, 목수 등 작업자들이 삼위일체로 협력하고 조화를 잘 이루어야 좋은 한옥이 탄생한다. 이 과정에서 수많은 일이 일어난다. 돈 문

⌂ 대문이 마침내 열렸다. 이 대문으로 천지 기운이 들어오기를 바라고 아름답고 행복한 일이 많기를 기원했다.

제부터 시작해 신뢰의 문제, 수많은 공정이 진행되면서 이에 대한 평가의 문제 등 말이다. 다행히 우리 집은 별 문제 없이 진행되어 아름다운 한옥이 탄생해 여간 기쁘지 않다. 감사하고 또 감사, 감사할 따름이다.

"우리 집을 위해 일하는 사람들의 모습은 그 어떤 장면보다 감동적이다!" 나는 아내에게 이렇게 말했다. 돈을 주고받는 일이지만 하나의 집을 완성하기 위해 드는 수많은 사람의 땀방울을 생각하면 감사한 마음이 절로 든다. 다른 사람들이 집을 지으면서 일어난 수많은 좋지 않은 일을 들었지만, 우리 집은 그런 과정 없이 무탈하게 진행되었다. 이 모두 감사할 따름이다. "좋은 집에 깃들어 아름답고 행복하게 살겠습니다! 집을 지어주신 모든 분에게 감사의 인사를 전합니다. 머리 숙여 고맙습니다!"

며칠 동안 비가 내렸다. 올 여름은 비가 너무 자주 내린다. 집을 짓다 보니 날씨에 무척 민감해진다. 예전 같으면 비가 오는구나 하고 생각하고 말 텐데, 집을 짓다 보니 비는 초대 받지 못하는 손님 같다고 할까? 올해는 유난스레 비가 자주 내리는 것 같다. 대문만 설치하고 기와 공사를 하지 않아 대문이 비에 흠뻑 젖었다. 보다 못해 임시로 비닐을 덮어놓았는데 허사였다. 때마침 김장권 대표가 와서 제대로 비닐을 덮어놓았다.

김장권 대표는 공휴일이라 쉬는 날인데도 현장에 직접 온 것이다. 비를 맞으며 대문을 덮는 모습을 보고 고맙다는 생각이 들었다.

직원들은 비가 내려도 사장의 지시가 없으면 나오지 않는 법인데, 사장이 직원을 시키지 않고 현장에 온 것이다. 그 광경을 보니 내 마음이 숙연해졌다.

담장을
두르다

담장 공사를 서둘렀던 것 같았다. 뭔가 부족한 느낌이 들었다. 급기야 내가 작업반장에게 기와를 그대로 둘 경우 빗물이 기둥에 흘러내린다며 보완을 요구했다. 수키와가 조막손처럼 짧게 나왔고, 그것도 일부에서는 들쭉날쭉했다. 길가 쪽에는 거의 자라목 정도로 들어가 있었다. 담장 공사가 끝난 후에 뭔가 허전했는데, 그것이 바로 수키와 처리 부분 때문이었던 모양이다.

김장권 대표에게 문자를 보냈다. 아무래도 담장 기와를 재시공해야 할 것 같다고 말이다. 내가 직설적으로 재시공을 해야겠다고 말을 한 것이다. 김장권 대표도 자신이 현장 지휘를 하지 않아서 그런 것 같다며 재시공을 하겠다고 했다. 담장 폭이 다른 집에 비해 짧은 데다 기와 공사를 할 때 마당 쪽에 거치대를 설치하지 않고 작업한 탓에 중심을 잃었다. 그래서 바깥쪽으로 수키와를 더 뽑아내지 않았던 것 같다고 했다.

며칠 후 담장 기와를 허물고 재시공에 들어가 작업을 마쳤다. 수키와를 쭉 뽑으니 한결 생기가 넘치는 것 같았다. 처음 시공했을 적에는 조막손처럼 움츠러드는 것 같았는데, 지금은 한결 멋지고 고풍스런 느낌까지 든다.

이사를 한 지 2개월이 지났는데, 공사가 마무리되지 않고 있다. 또한 새집에 들어가니 새집과 정들기 과정이 필요한 것 같다. 나는 정이 다 들었는데 아내는 아직도 낯설다고 한다. 아파트와 달리 새집을 짓고 들어와 살아보니 잠자리 위치도 잡아야 했다. 안방은 풍수 인테리어를 참고해서 문을 북쪽에 고정시켰다. 그랬더니 한결 안정된 느낌이 들었다. 또한 잠자리에서 머리를 두는 위치도 여러 번 바꾸었는데, 결국 머리를 북쪽으로 향하고 다리는 남쪽으로 두는 것으로 정했다. 이 역시 한결 안정된 잠자리 분위기가 났다.

아들 방에 수납장이 들어가서 좀 작아진 탓인지 아들은 잠이 잘 온다고 했다. 아마도 아늑한 방 덕분인 듯하다. 한옥은 방이 작아서 어머니의 자궁처럼 편안한 느낌을 주는 것 같다. 이전에 안동 임청각 우물방에서 잠을 잤는데 그때 잠이 참 잘 왔다. 그 방은 한 사람이 누워서 손을 양옆으로 뻗으면 벽에 닿을 정도로 작았다. 예전 한옥 방들이 모두 작은데 이 역시 아늑한 느낌을 주고 숙면을 취하기에 적당한 규모였던 것이다.

⇧ 담장을 재시공하면서 수키와를 쭉 뽑으니 집이 생기가 넘치는 것 같았다. 한결 멋지고 고풍스런 느낌까지 든다.

   남산골 한옥마을에 있는 오위장五衛將 김춘영金春永 가옥의 방도
임청각 우물방처럼 작다. 지금은 한옥에서도 침대를 사용하고 있어
안방이 큼직큼직하게 만드는데, 나는 침대를 사용하지 않기로 해서
안방도 작지만 큰 느낌을 준다. 한옥 방들은 작아야 숙면을 취하고 건
강에도 좋은 것 같다.

준공검사를
받다

준공검사와 함께 한옥 지원금 현장 심사가 있었다. 서울시청 한
옥지원과 담당자가 1층 반침 지붕이 동판마감이 처리되지 않았고 처
마가 90센티미터 나오지 않았다며 지원금을 삭감하겠다고 말했다.
김장권 대표가 지원금을 받아 빗물 동판 시공을 할 계획이라고 말했
지만, 담당자는 난색을 표했다. 나는 공무원이 한옥의 건설적이고 현
대적인 발전에 맞춰주지는 못할망정 규정에 너무 얽매여 있는 게 아
닌가 하는 생각이 들었다.

누마루와 지하방 디딤목은 수령이 100~200년 된 고목이다. 누
마루 디딤목으로 떡 놓으니 골동품이 집안에 깃든 느낌이었다. 김장
권 대표가 어디에서 구해온 것인지 마음에 든다. 김장권 대표는 이렇
게 다른 사람에게 감동을 준다. 오래된 디딤목처럼 상대방이 무언가

⬆ 나는 마당에 운용매화를 심었다. 운용매화는 구름 속으로 용이 올라가는 형상이라고 한다.

를 요구하는 전에 먼저 감동을 준다.

아들이 군대에 입대한 지 2주가 되어가고 있다. 자기 전에 아들 방에 불을 켜놓았더니 아들이 집을 지키고 있는 것처럼 든든했다. 입대 전에도 아들이 늦게 오거나 없을 때 불을 켜놓았는데, 이제는 아들 방의 불이 섭섭한 마음을 달래주는 것 같다.

이제 집의 대체적인 공사는 거의 끝나가고 있다. 터파기 공사를 시작한 지 1년이 조금 지났다. 천지신명께는 무탈하게 공사를 마칠 수 있어 감사하고 또 감사하다. 한옥 짓는 기간은 내 인생에서 가장 의미 있고 보람 있어 충만한 날들이었다.

마당에 운용매화 한 그루를 심었다. 운용매화는 구름 속으로 용이 올라가는 형상이라고 한다. 한 번 꺾인 순간 다시 치고 올라가는 그 약동하는 저돌성에 절로 감탄이 나온다. 일음일양지위도一陰一陽之謂道라는 『주역』에서 나오는 말처럼 음으로 가라앉는 그 순간에 다시 양으로 약진하는 형상에서 인생의 오묘함까지 느끼게 해준다. 이 집에 운용매화의 기상이 흘러 상서로운 기운이 항상 깃들기를 바라마지 않는다. 운용매화를 심은 것은 화룡점정이었다.

건축물대장을
받다

마당에 대추나무 두 그루를 심었다. 대추나무는 우여곡절 끝에 구입했다. 김장권 대표가 경기도 송추에 있는 조경원에서 구경할 곳이 있다며 나를 안내했다. 한 군데 들렀다 다시 한 군데를 더 들렀는데, 연리지처럼 두 가지가 아랫부분에서 갈라져 나온 대추나무가 있었다. 잎은 무성하지 않아 조경수로 안성맞춤이었다. 주인에게 물어보니 20만 원을 달라고 했다. 구두 계약을 하고 며칠 후 갔더니 팔지 않는다고 했다.

며칠 후 김장권 대표가 조경원에 들러 가격 흥정을 했는데, 60만 원이나 달라고 했다. 그 가격을 주고라도 살 만한 나무인 것 같아 구입하기로 했다. 또 그 옆에 있는 작은 대추나무 한 그루는 6만 원에 주고 구입했다. 액운을 막고 행운과 번창을 가져오는 귀목貴木으로 대대

⌂ 나는 집을 지으면서 욕망도 조금은 내려놓았다. 욕망이 앞서면 집은 괴물이 되고
무거워지기 때문이다. 너무 큰 옷을 입은 것처럼 말이다.

손손 이 집과 운명을 함께하기를 바랐다.

빗물받이 공사를 뒤늦게 시작했다. 처음에는 빗물받이 동판이
선택 사항이었다. 건축주의 취향에 따라 설치를 하지 않아도 되었다.
그런데 어떤 연유에서인지 은평구청에서 빗물받이 동판 설치가 준공
허가에 필수적인 사항이라고 해서 부랴부랴 공사를 했다.

빗물받이 공사는 일주일이 걸렸다. 공사를 하는 김에 1층과 2층
사이에 눈썹처마를 하지 않은 건물 뒷부분에도 동판 작업을 추가로
하기로 했다. 눈썹처마식으로 동판을 하지 않으면 비가 벽면을 향해
몰아치면 고스란히 목재가 비에 노출되기 때문이다.

며칠 후 사용 승인과 준공 승인이 났다. 공사를 시작한 지 13개
월 만에 무탈하게 공사를 마무리할 수 있어 천지신명께 감사의 마음
이 들었다. 김장권 대표와 이민주 실장의 노고가 없었다면, 이 좋은
집을 지을 수 있었을까?

원목마루 보수 공사를 했다. 원목 두께가 1.1센티미터나 되는데
자꾸 휜다. 누마루와 2층 소청은 괜찮은데 대청마루가 문제다. 마무
리 공사가 끝나지 않고 지리멸렬하게 이어지고 있다. 아직도 지하 벽
을 뚫어 환기 구멍을 내는 공사와 지하 계단 공사가 남아 있다. 시스
템 창문은 한 번 점검을 받았는데도 바람이 들어온다. 대청 출입문은
손잡이가 너덜거리고 잠그지 않으면 조금 열린다. 겨울에는 미세한
바람만 들어와도 외풍을 느낄 수 있다. 안방과 아들 방도 바람구멍이
잡히지 않고 있다.

내 인생 최고의 공사이자 큰일인 한옥 짓기는 이렇게 끝나가고 있다. 무거운 짐을 벗어던진 기분이다. 김장권 대표는 늦은 점심을 먹어야겠다고 말했다. 사는 게 모두 만만하지가 않다. 한옥을 건축하는 과정을 지켜보면서 이런 생각이 들었다. 물론 한옥뿐만 아니라 모든 일이 만만한 게 하나도 없다. 며칠 후 아내와 함께 은평구청에 가서 취득세 신고를 했다. 건축물대장도 한 부 교부 받았다. 이로써 한옥 짓기는 법적으로 등기를 제외하고 마무리되었다.

집짓기가 욕망의 집짓기여서는 안 될 것 같다. 나는 다행히 설계와 시공 과정에서 이 욕망의 집짓기에서 짐을 몇 개쯤 내려놓을 수 있었다. 집짓기에서 욕망이 앞서면 집은 괴물이 된다. 달리 말하자면 집에 사는 사람이 집의 무게와 기세에 눌려 허우적거리게 된다. 너무 큰 옷을 입은 것처럼 말이다.

이제 집짓기를 끝내고 보니 집짓기에는 욕망까지 곁들여 있는 것 같다. 이 깨달음은 대부분 시행착오를 거치면서 알게 되는데, 나는 그런 시행착오를 많이 겪지는 않았던 것 같다. 이는 시공 과정에서 건축가와 건축주의 신뢰 관계가 형성되었기에 가능한 게 아니었을까 생각해본다. 이 집에서 다복하고 행복한 일이 많이 일어나기를 빈다. 그런 행복한 집의 목격자이기를 나와 우리 가족은 바라고 바란다.

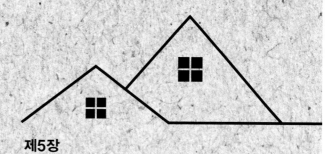

제5장

내가
만든
한옥
이야기

나는 늘 그러하듯이 부족함과 아쉬움으로 계절을 보낸다. 집 짓는 일을 업으로 하는 나에게는 그런 아쉬움 속에서도 그해 작업한 집 중에서 이런저런 이유 때문에 마음에 남는 집이 있기 마련이다. 건축물은 시대상과 문화적 사고가 반영되고, 그곳에 머무르고 있는 사람들을 생각하고 그 사람들의 생활이 변화하듯이 그들과 함께 변해야 한다.

나는 우리 건축인 한옥에 대해 억울한 마음이 든다. 고건축이란 과거의 역사적 실례實例가 아닌 현대에도 유효한 쓰임을 발견할 수 있는 하나의 전통이어야 한다. 건축물에 변화를 주고 변화를 주지 말아야 하는 기준은 그곳에 사는 사람들이다. 한옥이 진정 사람에 대한 배려가 있는 공간이라면, 시대와 문화와 함께 변화해가는 공간이어야 마땅하다.

한옥은 어디 갔다 온 것이 아니라 우리가 버리고 내버려두고 옆에 두지 않고 함께하지 않았을 뿐이다. 그러기에 그 이전의 모습으로 그냥 그곳에서 서 있었던 것뿐이다. 이제 우리가 그곳으로 들어가 생활할 수 있도록 변화를 주어야 할 것은 변화를 주어 한옥과 함께 살아가야 한다. 우리는 치유와 재생을 통해 한옥으로 들어가야 한다.

한편으로 우리 건축인 한옥은 우리 삶이 변화함에 따라 얼마만큼 변화했는가? 과거의 집인 한옥이 현재에도 유효하고 미래의 집이 되기 위해서는 어떻게 변화해야 하는가? 나의 한옥 짓는 작업이 갖는 미학적·건축적 예술의 배경은 무엇인가? 20여 년 동안 한옥을 지으면서 늘 머릿속을 떠나지 않는 생각들이다.

관훈재

寬勳齋

보전과 발전을
동시에 품다

위치	서울시 종로구 관훈동
대지 면적	109㎡
건축 면적	63.21㎡
연면적	187.91㎡
층수	지상 2층, 지하 1층
구조	한식 목구조(지상층), 철근콘크리트 구조(지하층)
착공일	2010년 6월 7일
준공일	2011년 5월 2일
수상	2012년 올해의 한옥, 2016년 서울시 우수 한옥

한옥은 토지 이용률이 떨어져 상업 공간으로서 접근성과 공공성
이 결여되는 단점을 갖고 있다. 이것을 보완할 수 있는 것이 한옥의
수직적 팽창이다. 전통 기법을 그대로 사용하면서도 한옥에 다양한
기능을 부여해 한옥이 과거의 건축물이 아닌 도시와 소통하며 발전해
나갈 수 있는 방법이다.

© 염기동

ⓒ 염기동

　　관훈재는 한옥이 수직적으로 팽창하기 위해 풀어야 할 기본적
요소인 층간 소음 방지와 각 층마다 연속된 작업으로 2층 이상으로
발전할 수 있도록 독립된 가구법架構法에 중점을 두고 설계했다. 또 자
연에 순응하고 도시와 공존하기 위해 중정과 처마를 두어 '채우기'보
다 '비우기'로 형태를 다듬었다. 이것은 도시 속 비좁은 대지에서 한
옥이 자연의 공간을 인간의 공간으로 연결해주면서 자신을 겸손하게
드러낼 수 있는 방법 중 하나다. 또한 수직적 팽창으로 탄생한 차별화
된 공간은 주변의 현대적 건축물에서 소외되지 않고 그들과 조화로운
모습으로 자리매김할 수 있다.

© 염기동

© 염기동

관훈재는 상업 공간이면서 2층 한옥인데, 서울시에서 지원금을 받아 지은 최초의 2층 한옥이다. 한옥의 중정을 들어올려 1층과 2층 모두 중정을 가질 수 있는 동시에 계단을 통해 어느 공간으로 자유로운 이동이 가능하게 한 것이 가장 큰 특징이다. 중정은 1층보다 두 걸음 높고, 2층보다 일곱 걸음 낮아 안정적으로 1층과 2층을 이어준다. 상업 공간이지만, 한옥이 갖고 있는 마당이라는 중요한 요소를 빠뜨리지 않았다. 또한 중정으로 인해 지하층의 자연 채광과 환기도 가능하게 했다.

관훈재는 한옥 밀집 지역과 높은 현대 건축물이 만나는, 단절된 두 공간을 이어주는 매개 역할을 하는 대지에 있다. 상업 시설이 즐비하고 유동 인구가 많아 주변 건축물처럼 용적률을 최대로 해서 높은 현대 건축물을 계획할 수도 있었으나, 그렇게 된다면 기존 한옥은 현대 건축물에 가려져 과거의 건축물로 기억에서 사라지고 현대 건축물과 완전히 단절되어버렸을 것이다.

1층은 인사동길 주도로에서 접근성을 확보하고 쉽게 인지될 수 있도록 배치했다. 출입구는 마당과 지하층, 1층과 2층으로 출입이 용이한 필로티piloti 형식이며 중정을 통한 진입도 가능하다. 천장은 마감을 하지 않고 목재를 그대로 노출시켜 답답함을 없애고, 목재 사이 이노솔innossol 조명의 불규칙한 배치로 리듬감을 주었다.

2층은 중정을 통해 진입할 수 있어 수직 이동의 지루함을 덜어준다. 또 진입부와 누마루 형태의 실室을 두어 좁지만 시야를 확보해서

개방감을 주었다. 천장은 목재 서까래와 선자연(선자서까래, 추녀 쪽에
거는 부채살 모양의 서까래)을 그대로 노출시켜 공간감을 확보하고 상업
공간에서도 한옥의 미를 느낄 수 있게 했다.

　지하층의 계단실 벽면은 목재와 와편 무늬로 설계하고, 천장은
목재를 그대로 노출시켜 한옥의 미를 느끼며 진입할 수 있게 했다.

　지붕은 좁은 대지의 상업 공간이라는 조건에서 마당과 1층에 최
대한 자연광을 끌어들이려고 설계했다. 그리고 목챙(햇볕이나 빗물이
처드는 것을 막으려고 처마 끝에 다는 것)에 부분적으로 유리를 사용해 채
광과 시야 확보에 유리하도록 계획했다.

　수직적 팽창으로 인해 자칫 불안하고 단순해 보일 수 있는 파사
드facade(건축물의 출입구가 있는 정면부)에 장주초長柱礎(돌기둥 주춧돌)를
사용해 안정감을 주었다. 계자난간 입면에 영향을 주지 않으면서도
건축법에서 규정한 2층 난간 높이(1.2미터)를 충족시키기 위해 강화유
리 난간을 설치해 비가 들이치는 것을 방지했다. 상업 공간임을 감안
해 최대한 시야와 공간감을 확보하기 위해 통창을 사용했으며, 인접
상업 건물로부터 프라이버시 보호를 위해 오른쪽 벽면은 작은 창을
두고 창호지로 마감해 이를 보완했다.

　철제 대문은 방범을 위한 것으로 한옥에 어울리는 나무 패턴으
로 구성했다. 기와를 이용한 작은 화단과 자연을 그려 넣은 담장 벽면
등은 자칫 의도적으로 보이겠지만, 상업 공간임에도 한옥이 갖고 있
는 아기자기하고 자연을 담은 요소들을 채우려고 했다.

#200

들어가고 싶은 집,
살고 싶은 집

위치	서울시 종로구 가회동
대지 면적	152.1㎡
건축 면적	84.15㎡
연면적	108.51㎡
층수	지상 1층, 지하 1층
구조	한식 목구조(지상층), 철근콘크리트 구조(지하층)
착공일	2011년 5월 27일
준공일	2012년 2월 17일
수상	2013년 올해의 한옥, 2016년 서울시 우수 한옥

© 염기동

© 염기동

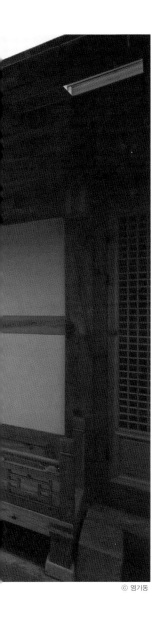

© 염기동

#200은 한옥이 갖고 있는 형태적 완성도를 유지하면서 한옥의 단점인 단열과 수납공간의 부족이라는 문제를 해결하고자 계획되었다. 한옥이 현재에 맞는 자유로운 형태와 기능 변화를 할 수 있게 해서 다양한 쓰임으로 사용해도 불편함이 없이 언제나 '살고 싶은 집'으로 만들려고 했다.

#200은 전통 한옥이 밀집되어 있는 서울의 대표적인 전통 주거지역인 북촌한옥마을에 있다. 대로변에서 이어지는 완만한 경사로 된 좁고 긴 골목은 한옥의 정취와 옛 골목을 걷는 추억에 빠지게 하는 아름다운 길이다. 긴 골목을 지나 이곳에 들어서면 인적이 드물어 조용하며, 높은 지형으로 인해 시야가 넓게 트여 전망이 좋다.

도시형 한옥이 갖는 부족한 공간을 보완하기 위해 법적 제약을 받지 않는 범위 내에서 처마선 안쪽에 머리벽장을 만들었다. 대청 뒤쪽은 지하 계단실과 작은 마당을 만들어 마당과 대청, 뒷마당이 단절되지 않고 소통할 수 있도록 했다. 또한 좁은 마당의 채광을 위해 목챙을 뚫어 유리로 마감해 답답함을 해결했다. 단열은 지붕 공사와 벽체, 당골막이(지붕과 서까래 사이), 머름(문지방 아래

© 염기동

에 대는 널조각) 등에 현대적 단열재를 넣었다. 한옥이 갖고 있는 공간의 한계를 보완하기 위해 현대적 기능을 담은 지하 공간을 통해 과거와 현재의 유효한 공간에서 미래에도 여전히 유효한 공간으로 발전시키려 했다.

기존 한옥은 ㄱ자형 본채와 ㄴ자형 문간채로 나누어진 형태다. 동쪽과 남쪽의 좋은 전망이 가려진 패쇄적인 도시형 한옥의 배치 형태라고 할 수 있다. 이에 외부와 단절된 기존 한옥의 형태를 프라이버

ⓒ 염기동 ⓒ 염기동

시를 보호하면서 주변과 소통하며 개방된 시야를 확보할 수 있도록
했다.

벽체 시공 시, 압축 단열재와 로이 단열재를 사용해 이중 단열로
그 효과를 극대화했다. 높은 지형으로 인한 비와 바람에서 벽체를 보
호하고자 투습 방수지를 넣어 공기는 순환하고 습기는 차단하는 효과
를 주었다. 당골막이에 단열재를 넣어 외부의 찬 공기를 차단하려고
했다. 머름 시공 시, 머름청판을 이중으로 해서 청판 사이에 단열재를

넣어 열 손실과 외부의 찬 공기를 차단했다.

지상 1층은 기존 ㄱ자형 본채와 ㄴ자형 문간채로 나누어진 형태를 동남쪽의 좋은 전망을 바라볼 수 있게 ㄷ자형으로 설계했다. 게스트방은 별도로 출입구를 두어 본채와 독립된 공간으로 구성했다. 머리벽장을 활용해 주방은 공간 확장을, 방은 수납공간으로, 대청은 한 칸은 계단실로 한 칸은 비움으로써 햇빛이 들어오는 작은 마당을 두어 앞마당과 소통할 수 있도록 했다.

지하 1층은 대청 고막이(토대나 하인방의 아래, 마루 밑의 터진 곳을 돌과 흙으로 쌓은 곳) 부분을 이용해 지하에도 자연광이 들어올 수 있게 채광창을 두었고, 지형의 차이를 이용해 외부에 노출되는 벽면은 창문 위에 작은 창을 내어 자연 환기와 자연 채광이 가능한 공간으로 계획했다.

동쪽 담장 높이를 낮춰 개방된 시야를 확보하고, 주방창은 통유리로 설계해 주방에서도 풍경을 볼 수 있도록 배려했다. 목챙에 부분적으로 유리를 설치함으로써 ㄷ자형 한옥의 좁은 마당에 자연 채광을 끌어들였다. 기존 건물 해체 시 나온 주초, 구와舊瓦, 붉은 벽돌도 그대로 사용해 시간의 연속성과 주변과의 조화를 이루도록 했다.

#200은 부족한 생활공간과 수납공간을 확보하기 위해 지하층을 계획하고, 주방과 욕실 바닥을 낮춰 상부에 다락을 두어 수직으로 공간을 극대화했다. 욕실 상부 다락은 늘 열어두어 답답함을 없애주고, 맞배지붕 부분에 창을 내어 채광과 환기가 될 수 있도록 했다.

ⓒ 염기동

옛 어른들이 그랬던 것처럼 집에 몇 가지 의미를 담아보았다. 중문 바깥쪽에는 밤눈이 밝아 집을 지켜주는 수호守護의 상징인 박쥐의 문양을 넣었다. 집안(중문 안쪽과 대청 뒷마당)에는 자손과 가문의 번창을 상징하는 포도 넝쿨을 조각해서 넣고, 툇마루 난간하엽은 수호와 장수를 상징하는 거북을 조각해서 넣었다. 또한, 중문 스토퍼는 호랑이에게 먹을 것을 바치는 토끼의 문양을 조각해서 해학적 요소를 담아냈다.

일우재

日
優
齋

하루도 넉넉하고
햇살도 넉넉한 집

위치	서울시 종로구 가회동
대지 면적	82.6㎡
건축 면적	50.9㎡
연면적	50.9㎡
층수	지상 1층
구조	한식 목구조
착공일	2012년 12월 22일
준공일	2013년 2월 15일

© 김영

　일우재는 시야가 동남쪽으로 트여 햇볕이 잘 들고 바람이 쉬 드
나들며 시선이 막힘없이 탁 트이고 배수가 잘 되는 좋은 터에 있었다.
그런데 마당은 협소하고 건물은 낡아 보기에도 남루하고 옹색했다.
1927년에 지어진 집이 현재에도 유효할 수 있다는 것을 보여주고 싶
었다. 과거의 유효한 집에서 현재에도 유효한 집으로 거듭나기 위해
한옥을 현대적 방식으로 치유하고 재생하려고 했다. 전통과 현대를
잇기 위해 고민하고 사람과 집 사이의 교감을 담아내려고 했다.

두 부부와 두 아이가 함께 사랑하며 정답게 살아갈 집, 소박하고 정이 가고, 이웃과 정담을 나누며 도심 속에서 자연을 즐기며 살고 싶은 집으로 만들고 싶었다. 작지만 부족함이 없고, 많지 않지만 넉넉한 집으로 말이다. 그런 소망을 담아 마당 가득히 햇살이 넉넉하고 집안 가득히 하루가 넉넉하기를 바랐다. 일우재는 하루도 넉넉하고 햇살도 넉넉하다는 뜻이다.

일우재는 북쪽 능선을 등지고 동남쪽으로 멀리 동대문과 아차산, 가깝게는 서울 중심지의 첨단 오피스빌딩 스카이라인과 정겨운 한옥이 모여 있는 북촌한옥마을이 내려다보이는 가회동 언덕에 자리 잡았다. 집으로 가는 길은 가회동 큰길에서부터 구불구불 좁고 긴 골목길에서 시작된다. 그 골목길은 몇 갈래로 연결되다가 사라지고 다시 연결되기를 반복하며 어린 시절 뛰어놀던 골목의 향수를 떠올리게 한다. 이러한 골목이 주는 아늑한 휴먼 스케일human scale(인간의 체격을 기준으로 한 척도)의 공간감은 일상의 여유로움마저 갖게 해 편안한 쉼터 역할을 한다.

먼저 마당에 있는 비한옥부의 건축물과 화장실을 헐었다. 일우재는 15평이 채 안 되는 작은 공간을 수직적·수평적으로 확장하고 있다. 주거 공간으로 4인 가족의 편리한 생활을 위해 다락, 하부 수납장, 머리벽장, 담장을 활용한 보일러실, 수납공간을 두었다. 주방과 대청은 내부에는 전통 한옥의 살문을, 외부에는 복층 유리의 시스템 창호를 설치하고, 다른 실室에는 한식 시스템 창호를 설치했다. 그렇게 해서 합리적인 실용성과 한옥 고유의 멋스러운 디자인을 만족시켰다.

한옥의 높은 천장을 활용해 다양한 공간 구성을 가능하게 했다. 부부 침실은 바닥을 들어올려 하부를 수납공간으로 하고, 아이들 방은 천장 높이를 이용해 복층으로, 부엌은 단을 낮춰 식탁과 아이들 방의 눈높이를 맞추었다.

주방과 아이들 방 사이에는 슬라이딩 칠판 도어를 설치해 벽면의 장식 책장을 잡아당기면 책상으로 변하고 닫으면 아이들이 그림을

그릴 수 있는 도화지가 된다. 안방에는 단을 높이고 문을 달아 침실을 독립된 공간으로 만들었다. 침대 하부는 서랍장으로 만들고 침실 벽면에 수납공간을 두었다. 또한 화장실과 전실前室을 추가해 생활의 편리성을 얻고자 했다. 과감하게 들어올린 마당의 목재 데크는 높이를 대청과 맞춰 이 집의 생활공간이 각 방에서 마당으로 자연스럽게 확장되도록 했다. 아이들은 아무런 방해 없이 방과 대청과 마당을 거실처럼 오가며 뛰어놀 수 있고, 부족한 주방 공간은 마당을 활용해 가사일을 해결할 수 있게 되었다.

주방은 전통적인 ㄱ자 웃방꺾음 집의 중심에 두어 집안의 구석구석을 바라볼 수 있게 했다(웃방꺾음은 웃병안병에서 대청과 부엌이 ㄱ자

© 김영

가 되게 붙는 평면 구성 방식이다). 그리고 이를 위해 주방의 창과 문은 문살이 없는 통유리로 해서 시선을 확보했다. 주방의 바닥 높이는 여타 방보다 두 단이 낮다. 그래서 아이들과 편안하게 눈을 맞추며 대화하기가 쉽다. 아이들 방과 주방 사이에는 무빙월Moving wall을 두어 벽을 열어 아이들의 식사를 방으로 건네주고 가사일을 하는 동안 아이들과 소통할 수 있게 했다.

　　일우재는 기존에 지붕틀 구조의 서까래를 노출해 전통 한옥의 형태를 계승한 모습을 보여주었다. 또 서까래가 없는 비노출형으로

© 김영

해서 목조를 덜 사용했는데, 서까래 등의 부재部材를 다른 재료로 대체
하거나 합리적으로 줄이는 등 가구법이 가능하도록 변화를 주었다.

　　지붕의 도리(서까래를 받치기 위해 기둥 위로 건너지르는 나무) 구조
재는 노출하면서 삼각 형태의 반자(지붕 밑이나 위층 바닥 밑을 편평하게
해서 치장한 각 방의 윗면)를 설치해 실용성과 단열 성능, 전통과 현대적
모던함을 아우르려고 했다. 이로 인해 천장 속 공간은 공조 시스템 덕
트, 스프링클러, 전선 배관 등의 공간으로 활용해 한옥에도 설비 시스
템 도입이 가능하도록 했다.

일연재와 교월당

一 皎
然 月
齋 堂

자연을 닮은 집,
달빛이 밝은 집

위치	경기도 안산시 단원구 대부남동
대지 면적	5,196㎡
건축 면적	209.29㎡
연면적	209.29㎡
층수	지상 1층, 지하 1층
구조	한식 목구조(지상층), 철근콘크리트 구조(지하층)
착공일	2014년 1월 20일
준공일	2014년 10월 27일
수상	2015년 대한민국 목조건축대전 본상

　　일연재는 주거를, 교월당은 숙박을 위한 공간이다. 전원
속에 자연과 하나가 되어 살고 싶은 집으로 또 그 공간에서 삶
을 꾸려가기 위한 생활의 터전으로 계획되었다. 우리가 상상하
고 꿈꾸는 공간으로 과거와 현재가 건축의 연속성을 갖기를 바
랐다. 또 시간과 공간이 주변의 자연과 관계를 맺으면서 우리
건축인 한옥이 특별하지만 우리 삶과 생활의 일상으로 돌아오
게 하고자 했다.

배치는 태양을 담기 위해 남향으로 하고, 집 안에서는 자연을 향유할 수 있도록 가까운 논과 먼 산을 끌여들여와 자연스럽게 풍광을 만들어냈다. 한옥을 품고 있는 그 터의 정체성을 통해 그전부터 느리게 흐르는 옛길과 변화의 흐름을 담은 새 길의 중간에서 과거와 현재, 전원과 도시, 지형의 높고 낮음, 육지와 바다라는 관계를 동시에 충족시키는 공간으로 배치하려 했다.

　　일연재와 교월당은 내구성과 유지 보수를 위해 벽체 구조를 보
강하고, 단열을 위해 시스템 창호를 사용했다. 또한 한옥이 갖고 있는
형태와 구조, 재료에서 전통의 아름다움을 유지하면서 한국적인 공간
의 특징이 유연하게 기능하도록 계획했다.

　　일연재와 교월당은 처마선과 나무 구조 등 형태와 재료만으로
이야기해주던 한옥에서 전통과 현대, 자연과 인위, 안과 밖 등 여러 요

소의 관계를 조화와 균형을 통해 다시 만날 수 있는 한옥으로 구현하려 했다. 한옥은 숙성과 발효의 건축이 특징이라 할 수 있다. 이 숙성과 발효라는 시간의 요소를 갖고 일연재와 교월당에도 건축적 생각과 철학을 담아내려고 했다.

일연재는 ㄱ자형 평면의 중심에 대청을 두고 정방형 공간을 덧달아 독립된 주거 공간을 확보한 T자형 배치로 구성했다. 주방은 전

통의 음식 문화를 계승·발전시킬 수 있는 기능을 발휘할 수 있도록 구성하고, 뒷마당 동선을 통해 편의성을 추구했다. 바닥에 층을 두어 다락과 수납공간도 만들었다. 두 칸 대청은 툇마루를 두어 개방성과 공간감을 주고, 남쪽의 햇빛과 동쪽의 풍경을 끌어오기 위해 공간 배치에 신경을 썼다.

　　대청에는 들문을 두어 개방감을 주었고, 침실 앞쪽으로 툇간退間을 두어 출입이 가능하게 했다. 또 머름을 두어 작은 마당을 향유할 수 있도록 했다. 안방에 반침을 두어 수납을 해결하면서 상부에 고창高窓을 두어 빛이 들게 했다. 주방에는 동쪽으로 투명창을 달아 아름다운 풍경을 끌어들였다.

　　교월당은 한옥이 갖고 있는 평면의 요소 중에 다양한 공간으로 변화할 수 있도록 퇴를 활용해 자연스럽게 통로를 확보했다. 퇴는 다시 문을 통해 소통과 개방, 가림과 단절로 각 실의 독립성을 확보하고, 반침을 이용해 화장실과 수납공간을 두었다. 또한 4개실의 공간을 1개의 대공간, 2~4개의 별실로 변화가 가능하도록 해서 숙박 인원의 규모와 유형에 따라 유연하게 적용할 수 있게 했다. 이는 한옥이 갖고 있는 가변성이라는 공간적 특성을 이용해 모듈화된 평면을 구성하면서도 한국적인 공간을 느낄 수 있는 요소라고 할 수 있다. 동쪽 퇴와 누마루는 숙박인들이 자유롭게 이용하면서 바다를 함께 볼 수 있고, 소통할 수 있는 공간으로 계획했다.

　　전면에 툇간을 두어 단열을 높이고 공간을 자유롭게 이동할 수

있게 했다. 배면에 반침을 설치해 각 방의 욕실과 수납공간을 해결했으며, 주칸 세로 부재는 구조적으로 안방 부재를 받쳐주는 역할을 하기도 한다. 하지만 넓은 벽면을 나누어주면서도 건축물의 구조적 안정감을 느끼는 시각적 효과를 주었다. 그리고 대청과 주방에만 출입문을 두어 독립성을 부여했다. 지하 주차장은 옛길을 통해 바다를 보고 돌아올 수 있게 자전거 보관소로도 활용하도록 했다.

건명원

建明苑

사람이 나무를 키우고
나무가 사람을 키우는 집

위치	서울시 종로구 가회동
대지 면적	254.54㎡
건축 면적	136.56㎡
연면적	144㎡
층수	지상 1층, 지하 1층
구조	한식 목구조
착공일	2014년 11월 17일
준공일	2015년 4월 5일

서울에 남아 있는 옛 마을의 흔적인 북촌한옥마을에 새로운 것과 빠른 것으로만 채워지고 있다. 건명원은 낡고 부서진 과거의 집인 한옥을 치유와 재생을 통해 과거와 현재의 시간, 우리의 지난 삶들의 연속성을 이어주는 건축물이다. 건명원은 전통 목구조 형식에서 해체와 조립, 보수와 수선을 통해 목구조의 재활용과 재생산으로 다시 지은 건강한 건축물이다.

   건명원은 북촌한옥마을의 큰길에서 관광지로 손꼽히는 지역에
있으며, 동쪽으로는 경복궁과 창덕궁, 남쪽으로는 인사동이 있다. 건
명원에 주칸의 목구조, 지하 주차장의 슬라브slab, 부속동의 조적조組積
造, 북측면의 붉은 벽돌 등 시대와 재료의 융합을 통해 우리의 지난 삶
을 담고자 했다. 밝은 빛을 세운다는 의미인 건명원은 창의적 리더와
인재 육성이라는 설립 취지에 맞게 30여 명의 청년을 선발해 철학, 종
교, 예술, 건축, 뇌과학, 네트워크, 서양사 등을 교육하고 있다.

　　개인의 공간을 시대의 요구에 맞춰 다시 열린 한옥으로 구성했
는데, 주칸 대청에 강의실을 두고, 서측에 관리와 운영을 위한 사무실
과 교수 연구실을 두어 한옥의 부드러움과 따뜻한 물성物性을 느끼게
했다. 또한 부속동에는 간단한 식음료를 즐기며 자유로운 휴식을 취
할 수 있는 공간을 마련했다.

　　본채 목조 한옥과 동쪽 조적조 건물을 통해 부드러움과 굳셈의
조화, 옛것과 새로움의 조화, 과거와 현재의 조화로 한옥에 현대를 담
았다면, 조적조의 외피에 목구조 형태와 파벽돌, 철계단, 시스템 창호
등의 재료로 시대의 변화를 느낄 수 있게 했다.

　　자갈과 마사토, 잡풀로 무성하던 마당을 확장해 기단과 마당을
석재로 시공하고, 마당 가운데에는 돌로 된 인위의 마당이 아닌 흙으
로 된 자연의 마당을 두어 시간과 계절과 자연을 담아내려고 했다. 이

는 건명원이 더 넓은 공간으로 사용되기를 바라는 마음에서다. 내부의 강의실뿐만 아니라 비한옥부의 공간을 연결하는 마당은 또 다른 토론의 장이며, 행사의 공간이 된다.

　　북촌한옥마을의 역사를 담은 한옥이지만, 음식점으로 사용된 이후 이곳을 수년간 방치하면서 목구조는 썩어 지붕이 무너지고, 기와는 깨지고, 치받이(서까래 위에 산자橵子를 엮고 지붕을 인 다음에 바르는 흙)가 무너져 내린 곳이 많았다. 하루가 다르게 점점 쓰러져가는 공간을 목조의 재활용과 재생산을 통해 건축물의 연속성과 재생의 의미를 담아냈다.

　　쓰임이 모호하던 창고와 복도에 머리벽장을 만들어 실내 수납공간으로 활용하면서 강의를 준비하는 교수들이 사용하도록 했다. 가구식架構式 벽장의 문을 모두 열면 다양한 수납장으로 구성되어 강의에 필요한 책자와 개별 사물함으로 사용된다. 이는 한옥이 지닌 공간의 유연함을 통해 공간의 확장성과 쓰임이 자유롭다는 것을 보여주려고 한 것이다. 또한 경사진 북촌한옥마을이 갖고 있는 지형을 통해 남쪽의 향向과 동쪽의 경景을 담아내면서, 햇볕이 잘 드는 집으로 계획했다.

채효당

采孝堂

세상에서
가장 큰 집

위치	서울시 은평구 진관동
대지 면적	135m²
건축 면적	67.47m²
연면적	143.49m²
층수	지상 2층, 지하 1층
구조	한식 목구조(지상층), 철근콘크리트 구조(지하층)
착공일	2016년 10월 12일
준공일	2017년 11월 21일
수상	2018년 대한민국 목조건축대전 본상, 2018년 서울시 우수 한옥

채효당을 계획할 때 가장 오랜 시간 고민한 것은 작은 대지의 공간을 과거와 이어지는 현재와 미래의 삶을 담는 유효한 공간으로 만드는 것이었다. 은평한옥마을에서 가장 작은 40평 면적의 대지에 2층 한옥을 통해 우리 삶에 일상의 건축으로 한옥이 자신의 몫을 할 수 있게 계획했다. 채효당은 작은 대지에서는 꿈꿀 수 없었던 한옥을 안채, 별채, 사랑채 등의 공간 구분을 통해 기능과 역할을 부여했다.

채효당은 과거의 기억인 오래된 한옥 가구법으로 작업했지만, 현재와 미래에도 여전히 유효한 공간으로 오래된 집이 갖고 있는 축적과 자기 성찰을 반영했다. 낮추기와 작음으로 겸손과 의연함을 갖추도록 크기와 높이가 아닌 깊이의 켜를 통해 한옥의 품격을 유지했다. 또 다양한 수납과 형태로 시대성을 담아내려고 했다.

지하층은 가족이 화합하면서 다양한 모임을 할 수 있는 별채 공간으로, 1층은 안방, 자녀방, 주방, 대청 등 안채 공간으로, 2층은 서재와 손님방, 소청 등 사랑채 공간으로 계획했다. 다시 말해 각 실은 하나로 이어지고 또 가려져서 전체의 공간 혹은 각 실의 공간으로 활용할 수 있게 했다. 그렇게 해서 작은 한옥이 마을 만들기와 도시 재생에서 다양한 역할을 하고 다양한 쓰임이 가능하다는 것을 보여주고 싶었다.

채효당은 작은 대지가 갖는 공간의 한계를 극복하게 위해 공간의 기능을 극대화했다. 1층은 대청, 누마루, 안방, 자녀방, 주방을 두었고, 안방과 누마루 사이에 공용 화장실과 계단실 옆에 화장실을 두

었다. 세탁실을 별도로 구성하고 동측 담과 처마의 깊이를 이용해 그
사이 공간을 다용도실로 사용할 수 있게 했다. 안방에는 머리벽장을
두어 수납공간을 마련했다. 계단실은 평면 구성에서 한국적인 공간을
유지하고 공간적 흐트러짐이 없는 후퇴後退(집채의 뒤쪽에 있는 작은 실室)
역할을 하면서 각 층이 자연스럽게 연결되도록 했다. 또 단열을 보완
하고자 북측에 두었다.

 2층은 서재, 소청, 전실, 손님방을 두고 서재에서 보내는 시간이
많은 건축주를 위해 평상과 간이 주방을 두었다. 손님방에는 독립적
인 화장실을 두고, 전실에 계단실 상부를 활용한 수납장을 만들었다.
지하층은 별채의 기능으로 시청각실 등의 가족 화합 공간과 다양한
모임이 가능하도록 했다. 또한 초석의 높이를 이용해 지하층에 자연
채광이 가능하도록 했다. 계단실은 지하층 공간을 해치지 않도록 하
고 하부에 수납공간을 두었다.

각 층의 경계는 문을 두어 소음을 차단하고 독립적 공간에서 생활할 수 있도록 했다. 2층은 한옥의 깊이를 느끼면서도 공간의 쓰임을 위해 전체적으로 열리고 닫히도록 계획해 강연과 강의 등을 위한 공간으로 활용하도록 했다.

1층에 누마루를 두어 각 실의 부족한 여백의 공간으로 사용하고, 그곳에서 작은 별당의 정자처럼 공간의 독립성을 주었다. 누마루 아래 장주초 사이 바닥에는 나비 문양을 새겨 넣어 낮잠을 즐기며 장자莊子를 꿈꾸게 했다.

남고북저南高北低로 흐르는 대지의 경사와 함께 중앙에 마당을 두고, 1층과 2층 대청·소청의 남향에 창과 문을 두어 햇빛과 바람을 자연스럽게 맞도록 했다. 2층은 서쪽에 고창을 두고 동남북쪽의 모든 창은 북한산과 이말산을 넓고 크게 담을 수 있게 했다. 작은 대지에 넓은 세상과 큰 산을 담아내 작지만 큰 집으로서 의연함을 갖추고자 했다. 또 대문간을 포함해 각 채의 높이와 폭의 변화를 주어 위계를 갖추어 당당함과 품격을 나타냈다.

대문간은 대지 경계선에 인접되지 않으면서 높이 차이를 두어 도로와 대문 사이에 작은 공간을 두었다. 마당은 사용할 수 있는 면적을 최대한 활용해 협소하지만 분산되지 않게 구성했는데, 그렇게 내어주고 비워주는 여백을 통해 한옥의 품격을 높였다.

에필로그

　서울 연신내에서 송추 방향으로 오다 은평경찰서를 지나면, 은평뉴타운 아파트 단지가 나온다. 이어 기자촌을 지나면 제각말아파트 단지가 나오고 이곳을 지나면 서울의 마지막 관문을 알리는 듯 생태터널이 나온다. 이 터널은 북한산과 이말산을 연결하는 통로 역할을 한다. 아마도 동물들의 이동 경로를 위해 조성해놓은 듯하다. 이 터널을 지나면 아파트 단지와는 전혀 다른 풍경이 펼쳐진다.

　하나고등학교 맞은편에 은평한옥마을이 자리 잡고 있다. 수십 채의 한옥이 들어서고 있는데, 대부분 2층 한옥이어서 기존 한옥마을의 분위기와는 사뭇 다르다. 생태터널은 하나 더 있다. 제각말아파트 입구 사거리에서 우회전을 하면 단독주택 단지로 들어서는 샛길이 있고 여기에도 생태터널이 있다. 이 터널을 지나면 단독주택 단지가 나

온다. 단독주택 단지는 한옥마을과 나란히 이어져 있어 이채롭기까지
하다.

이 터널들은 두 공간을 경계 짓는 것 같다. 가와바타 야스나리川
端康成가 쓴 『설국』에서 "국경의 긴 터널을 빠져나오자, 눈의 고장이었
다"라는 첫 문장처럼 말이다. 고즈넉한 마을 풍경에 이곳이 서울인지
절로 의심이 생길 정도다.

이야기나 소설에서 만나는 이상향에는 상징적인 공간이 있다.
다름 아닌 이상향으로 들어가는 좁디좁은 입구다. 겨우 한 사람이 지
나갈 정도의 좁은 입구를 지나면 갑자기 눈앞에 지금까지 보지 못했
던 환한 세상이 펼쳐진다. 그리고 세상의 삶이 가혹할수록 이상향에
대한 갈망은 클 것이다.

은평한옥마을에 깃들어 살고 있는 나는 생태터널을 지나 집으로
돌아갈 때 어떤 착각에 빠지기도 한다. 어쩌면 이 터널이 제임스 힐턴
James Hilton의 『잃어버린 지평선』이라는 소설에서 이상향의 이름인
'샹그릴라'로 들어서는 입구가 아닐까 하는 착각 말이다. 하지만 샹
그릴라는 평화와 안식을 열망하는 이들이 만들어낸 '마음의 본향'이
지 어떤 특정한 곳에 존재하는 공간이 아니다. 다만 깃들어 사는 곳에
서 평화와 여유로운 삶, 느리게 흐르는 세월을 만끽하며 살아간다면
그곳이 바로 샹그릴라가 아닐까 싶다.

나는 채효당을 지으면서 품고 있던 생각과 그리움과 추억을 담
아냈다. 집을 짓는다는 것은 내 마음의 이상향을 담는 행위라고 할 수

있다. 자신의 마음에 담고 있는 생각이나 삶의 철학이 투영되어 집이 완성되고 그 집에 만족할 때 잘 지은 집이라고 할 수 있지 않을까? 집을 짓는다는 것은 괴로움이 따르지만 즐거움도 이루 말할 수없이 많다. 집짓기야말로 살아가는 동안 한 번쯤 해볼 만한 일이다.

나는 김장권 대표를 만나 설계와 시공을 함께하면서 많은 이야기를 나누고 집에 대한 생각의 격格을 높일 수 있었다. 살아가다 보면 운이 좋은 일도 생기는데, 김장권 대표를 만난 것은 채효당 건축주로서는 행운이었다. 또 이민주 실장은 열정으로 집의 완성도를 높여주었는데, 이 자리를 빌려 고마움을 전한다. 끝으로 한옥을 지으면서 노심초사한 아내 이채영과 새집에서 한 달 정도 머물다 군대에 간 아들 승현과 함께 이곳 채효당에서 행복한 일이 많이 있었으면 좋겠다.

참고문헌

가스통 바슐라르, 곽광수 옮김, 『공간의 시학』, 민음사, 1997년.

가와바타 야스나리, 유숙자 옮김, 『설국』, 민음사, 2002년.

김기석, 『건축가 김기석 집 이야기 1: 지붕 밑의 작은 우주』, 살림출판사, 1997년.

김도경, 『한옥 살림집을 짓다』, 현암사, 2004년.

김동욱, 『도산서당, 선비들의 이상향을 짓다』, 돌베개, 2012년.

김원, 『건축은 예술인가』, 열화당, 2007년.

나카무라 요시후미, 정영희 옮김, 『집을 생각한다』, 다빈치, 2008년.

_____, 황용운 · 김종하 옮김, 『집을, 순례하다』, 사이, 2011년.

니코스 카잔차키스, 안정효 옮김, 『영혼의 자서전』, 열린책들, 2008년.

대니얼 레빈슨, 김애순 옮김, 『남자가 겪는 인생의 사계절』, 이화여자대학교출판부, 2003년.

르네 데카르트, 이현복 옮김, 『데카르트 연구: 방법서설 · 성찰』, 문예출판사, 1997년.

르코르뷔지에, 이관석 옮김, 『작은 집』, 열화당, 2012년.

목심회, 『우리 옛집: 경상도』, 집, 2015년.

몽테뉴, 권응호 옮김, 『수상록』, 홍신문화사, 2008년.

빅터 고어츨 외, 박중서 옮김, 『세계적 인물은 어떻게 키워지는가』, 뜨인돌, 2006년.

생텍쥐페리, 김보경 옮김, 『생텍쥐페리, 내 어머니에게 보내는 편지』, 시공사, 2011년.

_____, 허희정 옮김, 『인간의 대지』, 펭귄클래식코리아, 2009년.

_____, 황현산 옮김, 『어린 왕자』, 열린책들, 2015년.

서유구, 안대회 옮김, 『산수간에 집을 짓고』, 돌베개, 2005년.

승효상, 『건축이란 무엇인가』, 열화당, 2005년.

신광철, 『전통 소형 한옥』, 한문화사, 2010년.

신응수, 『천년 궁궐을 짓는다』, 김영사, 2008년.

안도현, 『백석 평전』, 다산책방, 2014년.

알랭 드 보통, 정영목 옮김, 『행복의 건축』, 이레, 2007년.

앙리 르페브르, 이종민 옮김, 『모더니티 입문』, 동문선, 1999년.

에쿠니 가오리, 신유희 옮김, 『도쿄 타워』, 소담출판사, 2005년.

이갑규 외, 『한국의 혼 누정』, 민속원, 2012년.

이문열, 『그대 다시는 고향에 가지 못하리』, 맑은소리, 2003년.

이상현, 『이야기를 따라가는 한옥 여행』, 시공아트, 2012년.

이종근, 『한국의 옛집과 꽃담』, 생각의나무, 2010년.

이중환, 이익성 옮김, 『택리지』, 을유문화사, 2008년.

이효석, 『낙엽을 태우면서』, 범우사, 2007년.

임형남 · 노은주, 『작은 집 큰 생각』, 교보문고, 2011년.

장 자크 루소, 정병희 옮김, 『에밀』, 동서문화사, 2016년.

정민, 『다산의 재발견』, 휴머니스트, 2011년.

제임스 조이스, 이상옥 옮김, 『젊은 예술가의 초상』, 민음사, 2001년.

제임스 힐턴, 이경식 옮김, 『잃어버린 지평선』, 문예출판사, 2004년.

조남주, 『82년생 김지영』, 민음사, 2016년.

조용헌, 『조용헌의 백가 기행』, 디자인하우스, 2010년.

최상철, 『내 마음을 두드린 우리 건축』, 푸른사상, 2008년.

포리스트 카터, 조경숙 옮김, 『내 영혼이 따뜻했던 날들』, 아름드리미디어, 2014년.

한승원, 『다산』, 랜덤하우스코리아, 2008년.

한필원, 『한국의 전통마을을 가다』, 북로드, 2004년.

함성호, 『철학으로 읽는 옛집』, 열림원, 2011년.

허경진, 『다산 정약용 산문집』, 서해문집, 2010년.

헤르만 헤세, 홍경호 옮김, 『방랑』, 범우사, 1997년.

황두진, 『한옥이 돌아왔다』, 공간사, 2006년.

황수현, 『작은 집, 다른 삶』, 안그라픽스, 2015년.

황지우, 『어느 날 나는 흐린 주점에 앉아 있을 거다』, 문학과지성사, 1998년.

집은 그리움이다

ⓒ 최효찬·김장권, 2018

초판 1쇄 2018년 11월 26일 찍음
초판 1쇄 2018년 11월 30일 펴냄

지은이 | 최효찬·김장권
펴낸이 | 강준우
기획·편집 | 박상문, 김소현, 박효주, 김환표
디자인 | 최원영
마케팅 | 이태준
관리 | 최수향
인쇄·제본 | 대정인쇄공사

펴낸곳 | 인물과사상사
출판등록 | 제17-204호 1998년 3월 11일

주소 | 04037 서울시 마포구 양화로7길 4(서교동) 2층
전화 | 02-325-6364
팩스 | 02-474-1413
www.inmul.co.kr | insa@inmul.co.kr

ISBN 978-89-5906-511-0 03610

값 19,000원

이 도서의 국립중앙도서관 출판예정도서목록(CIP)은 서지정보유통지원시스템 홈페이지
(http://seoji.nl.go.kr)와 국가자료공동목록시스템(http://www.nl.go.kr/kolisnet)에서
이용하실 수 있습니다. (CIP제어번호: CIP2018039930)

※ 이 도서는 한국출판문화산업진흥원 2018년 우수출판콘텐츠 제작지원사업 선정작입니다.